カルタ式

中国語 基礎成語 260

芳沢ひろ子 著
張恢 画

白帝社

まえがき

　初級,中級と学習が進んだ中国語学習者にとって,さらに上に行くために乗り越えるべき壁の一つは成語だろうと思います。小説や新聞などに手を伸ばした時,出くわす難しい言葉の中に必ず入っている成語。日常の会話ではあまり使わないだろうと高をくくると,中国人の会話の中にポンポンと出てくるのです。中国語の各種検定試験や資格試験を受けると,ここでも成語の壁が立ちはだかります。

　そこで成語辞典を買い込みページを開くや,成語の数のぼうだいなこと！覚えようと思う気持ちは一瞬にしてなえてしまいます。まずどんな成語から覚え始めればよいのでしょうか。また,言葉は文章の中から覚えていったほうがよいとよく言われますが,いったいどうしたら効率的に覚えられるのでしょうか。

　こんな悩みを持った中国語学習者は大勢いることでしょう。私もかつてため息をついた一人です。それから年月が経って,いろいろなものを読むことで私の成語は確かにだいぶストックされてきました。けれどもかつての私のように,成語の山の前でため息をついている学習者に会うと,もう少し短い時間で成語と密度の濃い出会いをし,そのことによってある程度の数を覚えられないものだろうか,と思わずにはいられませんでした。

　そんな時,白帝社編集部の杉野美和さんから「覚えるために工夫された成語の参考書を作りませんか」という声があり,本でありながらカルタの方式を採れないか試行錯誤して作ったのがこの本です。

　カルタは日本では昔から遊びながら和歌や文字を覚える道具でした。ゲームを楽しみ,絵に目を楽しませながら,知識を増やしていったわけです。カルタのこの教学効果を利用しようと思いました。同時に,現代の中国人がその成語からどんなシーンを思い浮かべるのか,そこから中国の事情や中国人の発想を知る楽しみが得られるよう,上海の張恢先生に絵をお願いしました。さらにはカルタの裏に

載せた用例や解説で印象を深め，章ごとにドリルもたっぷりあって，やればいやでも覚えてしまう仕組みです。
　常用でも何千とある成語の中の260個ですが，まずはここからスタートです。これを成語知識の核として，さらに興味の枝を伸ばし，知っている成語，使える成語を増やしていってください。
　ユーモアを含む活き活きとしたたくさんの絵を描いてくださった張先生，きめ細かくバックアップしてくださった杉野さんに心からの感謝を申し上げたいと思います。厳しいスケジュールの中での作業でしたが，この本作りは実に幸せな時間でもありました。
　2009年10月

芳沢ひろ子

この本の使い方

1 この本の成語は,「人々が長期にわたって習慣的に用いてきた,固定された形式を持つフレーズで,典故を持つものが多い」という定義づけのもと,成語辞典や参考書,また中国で出されている「HSK 词汇大纲」などを参考に,小説などで**よく目に触れるものを中心に**選んであります。そうして選んだ 260 の成語を,物語と詩歌の成語,植物の成語,動物の成語など特徴別に 8 章に分け,カルタとドリルで**少しずつ覚えていける**ようになっています。

2 カルタの表には,成語の**意味やイメージを,現代の中国人が思い浮かべるシーン**を描いた絵で表してあります。絵と絵の上部に書かれた成語の一部から成語を当てましょう。当てられたら,左上のチェック欄に ✔ を入れましょう。思いつかない時は,先にカルタの裏をよく読んでください。その後,なぜこの絵がこの成語になるのか考えてみてください。すぐ分かる場合もあれば,一呼吸必要な場合も,「なるほど,中国ではこうなのか」と目からうろこが落ちる場合もあるでしょう。

3 カルタの裏には,上の囲みにピンインと正解の成語,意味があります。囲みの下の 用 (用例) は,**できるだけ現代中国の息吹を感じられるもの**を選びました。解 (解説) にはその成語に関する故事や関連情報などを載せました。**道草を楽しみながら**,その成語をより幅広く知ることで記憶への定着を図ってください。(ピンインは,4字以上のものは漢字一文字ずつ間を空け,3字以下のものはつなげる表記方法を採っています。また,"一""不"は,それぞれ "yī" "bù" ともとの声調で表記してあります。)

4 それぞれの章には，カルタの後に取得数を書き入れるページがあり，**努力の成果を確認**することができます。取得数を数字化することで，カルタ取りの楽しさを味わってください。

1回目	2回目	3回目
6枚	12枚	18

5 カルタに続いてドリルが始まります。ここでトレーニングすることによって「効果てきめん」になるよう，"立竿见影" lì gān jiàn yǐng という成語のニックネームをつけました。ドリルにはその章の成語がすべて入っています。また**問題と解答が見開き**になっていて，成語とその意味や発音が即座に結びつくようになっています。このドリルは**少し集中してやってみる**といいでしょう。終わったらまたカルタに戻ります。前の回に比べると，ずっと多くのカルタを取得することができるはずです。

6 そのほか，巻末のアルファベット順に並んだ「中国語索引」，50音順に並んだ「日本語索引」，また「目次」は章ごとにアルファベット順になっています。これらは，成語を検索するのに使うだけでなく，全体をいっぺんに，また本文とは異なった順番で成果を確認するのにも活用してください。

も く じ

＊各章，アルファベット順に配列しています。
＊中 H 通 はそれぞれ特に中国語検定，HSK，通訳案内士試験のレベルや範囲に対応していることを示します。一つの目安としてください。

第1章 物語と詩歌の成語　　　　　　　　　　2

爱屋及乌　ài wū jí wū
安居乐业　ān jū lè yè
白面书生　bái miàn shū shēng
班门弄斧　bān mén nòng fǔ 中
宾至如归　bīn zhì rú guī
长袖善舞　cháng xiù shàn wǔ
垂帘听政　chuí lián tīng zhèng
大公无私　dà gōng wú sī H
登龙门　　dēng lóngmén
东道主　　dōngdàozhǔ
东山再起　dōng shān zài qǐ
东施效颦　dōng shī xiào pín 中
勾心斗角　gōu xīn dòu jiǎo 中

国色天香　guó sè tiān xiāng
后顾之忧　hòu gù zhī yōu
华而不实　huá ér bù shí
家徒四壁　jiā tú sì bì
家喻户晓　jiā yù hù xiǎo H
精卫填海　jīng wèi tián hǎi
酒池肉林　jiǔ chí ròu lín
居安思危　jū ān sī wēi
开门见山　kāi mén jiàn shān
空城计　　kōngchéngjì
乐不思蜀　lè bù sī shǔ
梨园弟子　lí yuán dì zǐ
两袖清风　liǎng xiù qīng fēng
鳞次栉比　lín cì zhì bǐ
洛阳纸贵　luò yáng zhǐ guì
茅塞顿开　máo sè dùn kāi 通
毛遂自荐　máo suì zì jiàn 中
民以食为天　mín yǐ shí wéi tiān
名落孙山　míng luò sūn shān 中
模棱两可　mó léng liǎng kě
破镜重圆　pò jìng chóng yuán
倾城倾国　qīng chéng qīng guó

山雨欲来风满楼　shān yǔ yù lái fēng mǎn lóu
熟能生巧　shú néng shēng qiǎo 中
水到渠成　shuǐ dào qú chéng
死里逃生　sǐ lǐ táo shēng
啼笑皆非　tí xiào jiē fēi
天涯若比邻　tiān yá ruò bǐ lín

同病相怜　tóng bìng xiāng lián
先发制人　xiān fā zhì rén
心旷神怡　xīn kuàng shén yí
幸灾乐祸　xìng zāi lè huò
月下老人　yuè xià lǎo rén
夜郎自大　yè láng zì dà
知音　　　zhīyīn

第2章　植物の成語　34

闭月羞花　bì yuè xiū huā
草木皆兵　cǎo mù jiē bīng
根深蒂固　gēn shēn dì gù 日
瓜田李下　guā tián lǐ xià
滚瓜烂熟　gǔn guā làn shú 中
花言巧语　huā yán qiǎo yǔ 中
花枝招展　huā zhī zhāo zhǎn
借花献佛　jiè huā xiàn fó
枯木逢春　kū mù féng chūn
柳暗花明　liǔ àn huā míng
落花流水　luò huā liú shuǐ
名列前茅　míng liè qián máo 中通
藕断丝连　ǒu duàn sī lián 中
萍水相逢　píng shuǐ xiāng féng 中 日
青梅竹马　qīng méi zhú mǎ
如火如荼　rú huǒ rú tú
势如破竹　shì rú pò zhú
世外桃源　shì wài táo yuán

树大招风　shù dà zhāo fēng
桃李不言，下自成蹊
　　　　　táo lǐ bù yán, xià zì chéng xī
桃李满天下　táo lǐ mǎn tiān xià
铁树开花　tiě shù kāi huā
胸有成竹　xiōng yǒu chéng zhú 中
眼花缭乱　yǎn huā liáo luàn
叶落归根　yè luò guī gēn
雨后春笋　yǔ hòu chūn sǔn
指桑骂槐　zhǐ sāng mà huái
走马看花　zǒu mǎ kàn huā 中

第3章 動物の成語　　56

杯弓蛇影 bēi gōng shé yǐng
车水马龙 chē shuǐ mǎ lóng 中
打草惊蛇 dǎ cǎo jīng shé
单枪匹马 dān qiāng pǐ mǎ 中
对牛弹琴 duì niú tán qín 中 通
风马牛不相及
　fēng mǎ niú bù xiāng jí 中
鹤立鸡群 hè lì jī qún 中
鸡飞蛋打 jī fēi dàn dǎ
鸡毛蒜皮 jī máo suàn pí 中
鸡犬不宁 jī quǎn bù níng 中
九牛二虎之力
　jiǔ niú èr hǔ zhī lì 中

快马加鞭 kuài mǎ jiā biān
来龙去脉 lái lóng qù mài 中
狼狈不堪 láng bèi bù kān 中
狼吞虎咽 láng tūn hǔ yàn 中
老马识途 lǎo mǎ shí tú
牛头不对马嘴
　niú tóu bù duì mǎ zuǐ
人怕出名猪怕壮
　rén pà chūmíng zhū pà zhuàng 通
如虎添翼 rú hǔ tiān yì 通
丧家之犬 sàng jiā zhī quǎn
守株待兔 shǒu zhū dài tù
鼠目寸光 shǔ mù cùn guāng 中
顺手牵羊 shùn shǒu qiān yáng
螳臂当车 táng bì dāng chē
心猿意马 xīn yuán yì mǎ
鸦雀无声 yā què wú shēng 中
叶公好龙 yè gōng hào lóng
蛛丝马迹 zhū sī mǎ jì

第4章 身体の成語　　78

爱不释手 ài bù shì shǒu 中
嗤之以鼻 chī zhī yǐ bí
春风满面 chūn fēng mǎn miàn 中
唇枪舌剑 chún qiāng shé jiàn 中

促膝谈心 cù xī tán xīn 中
措手不及 cuò shǒu bù jí 中
大手大脚 dà shǒu dà jiǎo
耳濡目染 ěr rú mù rǎn 中

耳闻目睹 ěr wén mù dǔ 中
肺腑之言 fèi fǔ zhī yán
改头换面 gǎi tóu huàn miàn 中
刮目相看 guā mù xiāng kàn 中
口若悬河 kǒu ruò xuán hé 中 通
苦口婆心 kǔ kǒu pó xīn 中 通
力不从心 lì bù cóng xīn 中
了如指掌 liǎo rú zhǐ zhǎng 中
眉飞色舞 méi fēi sè wǔ 中
明目张胆 míng mù zhāng dǎn
目不识丁 mù bù shí dīng
目不转睛 mù bù zhuǎn jīng
目瞪口呆 mù dèng kǒu dāi 中
呕心沥血 ǒu xīn lì xuè
迫在眉睫 pò zài méi jié
人面兽心 rén miàn shòu xīn
守口如瓶 shǒu kǒu rú píng 中
首屈一指 shǒu qū yī zhǐ
手无寸铁 shǒu wú cùn tiě
探头探脑 tàn tóu tàn nǎo H
提心吊胆 tí xīn diào dǎn 中

推心置腹 tuī xīn zhì fù 中
刎颈之交 wěn jǐng zhī jiāo
卧薪尝胆 wò xīn cháng dǎn
心不在焉 xīn bù zài yān
心甘情愿 xīn gān qíng yuàn
心狠手辣 xīn hěn shǒu là
心领神会 xīn lǐng shén huì 中
心直口快 xīn zhí kǒu kuài 中
仰人鼻息 yǎng rén bí xī
一目了然 yī mù liǎo rán
易如反掌 yì rú fǎn zhǎng 中
有血有肉 yǒu xuè yǒu ròu
张口结舌 zhāng kǒu jié shé
终身大事 zhōng shēn dà shì

第5章　色彩の成語

白手起家 bái shǒu qǐ jiā
白头偕老 bái tóu xié lǎo
鼻青脸肿 bí qīng liǎn zhǒng
不白之冤 bù bái zhī yuān

不分青红皂白
　bù fēn qīng hóng zào bái
赤手空拳 chì shǒu kōng quán
黄粱一梦 huáng liáng yī mèng

火树银花 huǒ shù yín huā
金碧辉煌 jīn bì huī huáng
金屋藏娇 jīn wū cáng jiāo
金枝玉叶 jīn zhī yù yè
炉火纯青 lú huǒ chún qīng
绿林好汉 lù lín hǎo hàn
面红耳赤 miàn hóng ěr chì

明日黄花 míng rì huáng huā
平步青云 píng bù qīng yún
起早贪黑 qǐ zǎo tān hēi
人老珠黄 rén lǎo zhū huáng
万古长青 wàn gǔ cháng qīng 日
万紫千红 wàn zǐ qiān hóng

第6章 数字の成語

八面玲珑 bā miàn líng lóng 中
百发百中 bǎi fā bǎi zhòng
百思不解 bǎi sī bù jiě 中
半斤八两 bàn jīn bā liǎng 中 通
背水一战 bèi shuǐ yī zhàn
不三不四 bù sān bù sì 中
垂涎三尺 chuí xián sān chǐ 中
低三下四 dī sān xià sì 中
功亏一篑 gōng kuī yī kuì 中
孤注一掷 gū zhù yī zhì 中
九流三教 jiǔ liú sān jiào
九死一生 jiǔ sǐ yī shēng
举一反三 jǔ yī fǎn sān 中

六神无主 liù shén wú zhǔ
七窍生烟 qī qiào shēng yān
七上八下 qī shàng bā xià 中
七手八脚 qī shǒu bā jiǎo 通
千方百计 qiān fāng bǎi jì 中 日 通
千篇一律 qiān piān yī lù
三长两短 sān cháng liǎng duǎn
三脚两步 sān jiǎo liǎng bù
三心二意 sān xīn èr yì 中
三言两语 sān yán liǎng yǔ 中
杀一儆百 shā yī jǐng bǎi
四通八达 sì tōng bā dá
退避三舍 tuì bì sān shè
万无一失 wàn wú yī shī 通
五体投地 wǔ tǐ tóu dì 中
一筹莫展 yī chóu mò zhǎn 中
一毛不拔 yī máo bù bá 日
一鸣惊人 yī míng jīng rén 中
一盘散沙 yī pán sǎn shā 中

一厢情愿 yī xiāng qíng yuàn 中　　一知半解 yī zhī bàn jiě 中
一意孤行 yī yì gū xíng 中　　约法三章 yuē fǎ sān zhāng 中

第7章　似たもの成語と反義語成語　　152

魑魅魍魉 chī mèi wǎng liǎng
粗枝大叶 cū zhī dà yè 中
滴水穿石 dī shuǐ chuān shí
凤毛麟角 fèng máo lín jiǎo 中
光阴似箭 guāng yīn sì jiàn
祸不单行 huò bù dān xíng 中 通
聚沙成塔 jù shā chéng tǎ　　　　数一数二 shǔ yī shǔ èr
理屈词穷 lǐ qū cí qióng　　　　双喜临门 shuāng xǐ lín mén
理直气壮 lǐ zhí qì zhuàng 中　　司空见惯 sī kōng jiàn guàn 中
流芳百世 liú fāng bǎi shì　　　　脱胎换骨 tuō tāi huàn gǔ
屡见不鲜 lǚ jiàn bù xiān　　　　危如累卵 wēi rú lěi luǎn
牛鬼蛇神 niú guǐ shé shén　　　稳如泰山 wěn rú tài shān
蜻蜓点水 qīng tíng diǎn shuǐ　　洗心革面 xǐ xīn gé miàn
日月如梭 rì yuè rú suō　　　　　细针密缕 xì zhēn mì lǚ
入木三分 rù mù sān fēn　　　　 遗臭万年 yí chòu wàn nián

第8章　重ね語が出てくる成語　　172

比比皆是 bǐ bǐ jiē shì 中　　　　格格不入 gé gé bù rù 中
大名鼎鼎 dà míng dǐng dǐng　　鬼鬼祟祟 guǐ guǐ suì suì
多多益善 duō duō yì shàn 中　　斤斤计较 jīn jīn jì jiào 中
风尘仆仆 fēng chén pú pú　　　兢兢业业 jīng jīng yè yè 中

井井有条 jǐng jǐng yǒu tiáo 通
侃侃而谈 kǎn kǎn ér tán
历历在目 lì lì zài mù
面面俱到 miàn miàn jù dào H 通
气息奄奄 qì xī yǎn yǎn
千里迢迢 qiān lǐ tiáo tiáo
人才济济 rén cái jǐ jǐ
姗姗来迟 shān shān lái chí
神采奕奕 shén cǎi yì yì
滔滔不绝 tāo tāo bù jué H
逃之夭夭 táo zhī yāo yāo 通
天网恢恢 tiān wǎng huī huī

亭亭玉立 tíng tíng yù lì
头头是道 tóu tóu shì dào 中 通
温情脉脉 wēn qíng mò mò
文质彬彬 wén zhì bīn bīn
欣欣向荣 xīn xīn xiàng róng H
怏怏不乐 yàng yàng bù lè
衣冠楚楚 yī guān chǔ chǔ
依依不舍 yī yī bù shě
忧心忡忡 yōu xīn chōng chōng
振振有词 zhèn zhèn yǒu cí
蒸蒸日上 zhēng zhēng rì shàng
孜孜不倦 zī zī bù juàn

中：『中検準1級・1級問題集　2009年版』（光生館），「(準1級・1級で問われる可能性のある常用の成語) 小辞典」にあるもの。
H：《汉语水平等级标准与语法等级大纲》（高等教育出版社）にあるもの。
通：通訳案内士試験過去出題。

中国語索引 ——————————————————— 197
日本語索引 ——————————————————— 202

カルタ式
中国語基礎成語 260

第1章
物語と詩歌の成語

　成語すなわち故事成語とは古い話をもとに作った熟語のことですから，どの成語にも物語があります。ここでは特に，物語のおもしろさや元になった詩を味わいながら成語を覚えていきましょう。

爱屋及乌	安居乐业	白面书生	班门弄斧
宾至如归	长袖善舞	垂帘听政	大公无私
登龙门	东道主	东山再起	东施效颦
勾心斗角	国色天香	后顾之忧	华而不实
家徒四壁	家喻户晓	精卫填海	酒池肉林
居安思危	开门见山	空城计	乐不思蜀
梨园弟子	两袖清风	鳞次栉比	洛阳纸贵
茅塞顿开	毛遂自荐	民以食为天	名落孙山
模棱两可	破镜重圆	倾城倾国	山雨欲来风满楼
熟能生巧	水到渠成	死里逃生	啼笑皆非
天涯若比邻	同病相怜	先发制人	心旷神怡
幸灾乐祸	月下老人	夜郎自大	知音

　物語と詩歌の成語カルタは以上48個の中から順不同で現れます。絵と絵の上部に書かれた成語の一部を頼りに当ててください。分かったらまず声に出してみましょう。次に紙に書いてみてください。これが両方できたら，そのカルタはあなたのものです。
　それではスタート！

物語と詩歌

☑ 1 2 3 4 5

| | 屋 | 及 | |

☑ 1 2 3 4 5

| 垂 | | 听 | |

☑ 1 2 3 4 5

| | | 之 | 忧 |

☑ 1 2 3 4 5

| 开 | | 见 | |

chuí lián tīng zhèng
垂帘听政
院政を敷く。垂簾の政(すいれんまつりごと)。

用 尽管对经济问题完全外行，但"**垂帘听政**"的他却直接插手具体经济政策的制定。（経済問題についてはまったくの門外漢だったが、彼は黒幕として具体的な経済政策に直接口をはさんだ）

解 唐の高宗の后(きさき)武則天が、病がちの帝に代わり、簾(すだれ)の向こうで臣下の話を聞き政治を執るようになった故事にちなむ。

ài wū jí wū
爱屋及乌
好きになると、それと関するすべてが好きになる。

用 崇拜偶像，崇拜到了**爱屋及乌**，甚至好坏不分、是非不明的地步。（スターをあがめたあげく、関るものなら善し悪しも問わないほどほれ込んだ）

解 武王が商を滅ぼした後、姜太公に敵の処分を聞くと、「好きとなると屋根のカラスも愛し、嫌いなら子孫まで憎むのが人。いっそ皆殺しに」と言ったという。

kāi mén jiàn shān
开门见山
単刀直入にものを言う。始めから本題に入る。

用 "找我什么事？"他**开门见山**地问。（「何の用？」彼は単刀直入にこう聞いた）

解 南宋の詩論家厳羽(げんう)が李白の豪壮華麗な詩を評して「扉を開ければ山が見える」と書いたことにちなむ。

hòu gù zhī yōu
后顾之忧
後顧の憂い。後に残る心配。

用 完善社会保障制度，让每一位公民的生活都没有**后顾之忧**。（社会保障制度を整備して、人々の生活の先々の心配をなくす）

解 魏の孝文帝の臣下李衝(りしょう)が急病で死んだ後、その墓の前で帝は「彼に任せておけば、外征の時も後顧の憂いがなかったのに」と嘆いたという。

物語と詩歌

☑1 2 3 4 5

| 毛 | 遂 | | |

☑1 2 3 4 5

| 死 | | | 生 |

☑1 2 3 4 5

| 天 | |
| | 比 | |

☑1 2 3 4 5

| | | 乐 | 业 |

sǐ lǐ táo shēng
死里逃生
命拾いをする。九死に一生を得る。

用 经历过这次**死里逃生**，我真的懂得了很多。(今回の命拾いで私は本当に多くを学んだ)

解 南唐の徐知諠は，徐温の養子であったが，実の息子より親孝行で父親に愛された。それをねたんだ実子たちが何度も徐を殺そうとしたが，その都度同情する人々に助けられ命拾いをしたという。

máo suì zì jiàn
毛遂自荐
自薦する。自分から名乗り出て一役買う。

用 欢迎符合条件者"**毛遂自荐**"。(条件に合う人の自薦を歓迎します)

解 毛遂は戦国時代趙の平原君の食客。秦の圧迫を受け，楚の救援を頼みに行く平原君に，自分を伴うよう自薦したという故事から。毛遂は後に大いに功を立てた。

ān jū lè yè
安居乐业
落ち着いて楽しく働き暮らしていること。

用 **安居乐业**是人民群众的头等大事。(家があり仕事があるということは，人々にとって一番大事なことである)

解 出典は老子『道徳経』。"民各甘其食，美其服，安其俗，乐其业"(民衆は自分たちの食事を楽しみ，服装を美しいと思い，その習俗に安んじ，そのなりわいを楽しむ)にちなむ。

tiān yá ruò bǐ lín
天涯若比邻
遠く離れていても，まるで近所にいるように近しいこと。

用 在**天涯若比邻**的互联网时代，英语成了地球村的共同语言。(世界が近くなったインターネット時代に，英語は地球村の共通言語となった)

解 唐の王勃の詩『送杜少府之任蜀州』"海内存知己，天涯若比邻"(理解してくれる友あれば，そこは隣のようなもの)にちなむ。

物語と詩歌

☑1️⃣2️⃣3️⃣4️⃣5️⃣

| □ | 公 | □ | 私 |

☑1️⃣2️⃣3️⃣4️⃣5️⃣

| 华 | 而 | □ | □ |

☑1️⃣2️⃣3️⃣4️⃣5️⃣

| 茅 | □ | 顿 | □ |

☑1️⃣2️⃣3️⃣4️⃣5️⃣

| □ | 发 | 制 | □ |

huá ér bù shí
华而不实
うわべはきれいだが中身は空っぽ。

用 书写求职简历时，不要**华而不实**。（履歴書にはきれいごとを並べるな）

解 花は咲いているが実がならない。春秋時代晋の大夫陽処父（たいふ）が魏に行く途中、ある宿に泊まると、その主（あるじ）が陽の外見や挙措（きょそ）にほれこんだ。弟子になろうとしたが、話してみると中身がないのでやめたという。

dà gōng wú sī
大公无私
やることが公正で私心のないこと。

用 长期以来，"**大公无私**"在一些人的心目中变成了一句空洞的口号。（長いこと「公正無私」は一部の人の心の中では空虚なスローガンとなっている）

解 春秋時代晋の平公が祁黄羊（きこうよう）に県の役人を推薦させると、祁は私情を挟まず自分の仇を推薦したという。

xiān fā zhì rén
先发制人
先んじれば制す。先手を打った方が往々にして主導権を握る。

用 我们应该拥有**先发制人**的攻击能力。（我々は先制攻撃をする能力を持つべきだ）

解 出典は『史記・項羽本紀』。秦打倒の機運の中，会稽（かいけい）太守はこれに乗じようと項梁を招き「先んじれば人を制す。秦を倒そう」と言う。項梁はおいの項羽にこの太守を殺させ太守印を奪い，反秦軍のリーダーとなった。

máo sè dùn kāi
茅塞顿开
目からうろこが落ちる。

用 把这本书从头到尾好好读一读，你定会**茅塞顿开**！（この本を始めから終わりまでよく読むと，きっと目からうろこですよ）

解 「山道は常に歩いていれば道になるが，使わないでいると茅（ちがや）がこれをふさいでしまう。今のお前の頭がまさにその状態だ」と孟子が弟子に言ったという故事にちなむ。

物語と詩歌

✔ 1 2 3 4 5

白面 □ □

✔ 1 2 3 4 5

□ □ 四 壁

✔ 1 2 3 4 5

乐 □ □ 蜀

✔ 1 2 3 4 5

□ 病 相 □

jiā tú sì bì
家徒四壁
赤貧洗うがごとし。一文無し。ひどく貧しい様子。

用 这次几万元的手术费已让他**家徒四壁**了。(今回の手術費数万元で彼はすっからかんになった)

解 前漢の文章家司馬相如は、卓王孫の家でその娘卓文君に出会う。二人は愛し合うが、卓王孫は相如の貧しさを嫌う。二人は駆け落ちし、家には四方の壁しかないくらい貧しい相如の家で新婚生活を始める。

bái miàn shū shēng
白面书生
経験の乏しいインテリ。

用 我们班有个男生，瘦高个，属**白面书生**型，平时言语不多，内向而老实。(クラスにやせて背が高いインテリ風男子がいる。無口でシャイでまじめだ)

解 南朝宋の文帝は北方侵略を考えるが、将軍沈慶は反対する。文官の意見も聞こうとすると、沈慶は「生白い書生に聞いても役に立ちません」と言ったという。

tóng bìng xiāng lián
同病相怜
同病相憐む。

用 人们比较容易接受与自己**同病相怜**的人的意见。(人は自分と同じように辛い目に遭った人の意見は受け入れる)

解 戦国時代楚の伍子胥は、父と兄を費無忌に殺され呉に逃げ、呉王に重用される。伍は父を費に殺された宰相伯嚭への信任が厚く、そのわけを「同病相憐むだ」と述べた。

lè bù sī shǔ
乐不思蜀
新しい環境が楽しくて、帰る気がなくなってしまったこと。

用 到了香港好吃好玩的事多的是，真令人**乐不思蜀**。(香港はおいしい物や楽しい事ばかり、もう帰りたくないほどだ)

解 出典は『三国志』。蜀滅亡後、劉備の子、劉禅は洛陽に行く。そこで蜀の歌舞を見せられ、臣下は皆涙を流すが、劉禅はひとり楽しみ「ここは楽しい。蜀のことは忘れた」と言ったという。

物語と詩歌

☑1 2 3 4 5

□ 旷 □ 怡

☑1 2 3 4 5

□ □ 自 大

☑1 2 3 4 5

□ □ 再 起

☑1 2 3 4 5

家 □ 户 □

yè láng zì dà
夜郎自大
身の程知らず。

用 还好意思说自己多么英武高大，真是**夜郎自大**啊！（臆面なく自分がどれほどりりしいかだなんて。全く身の程知らずだ）

解 出典は『史記・西南夷列伝』。漢代，今の貴州の辺りに夜郎（やろう）という小国があった。ほかの国の様子を知らず，国王は漢の使者に「我が国と漢はどちらが大きいか」と聞いたという。

xīn kuàng shén yí
心旷神怡
心が晴れ晴れして愉快であること。

用 环境优美的城市景观令人**心旷神怡**。（環境の美しい都市景観は人の心を晴れ晴れとさせる）

解 出典は北宋の范仲淹（はんちゅうえん）『岳陽楼記』（がくようろうき）。春の岳陽楼と洞庭湖（いずれも湖南省）の景色を描写し，「千古の名文」と言われる。"登斯楼也，则有心旷神怡"（この楼に登ると，心はたちまち晴れ晴れとしてくる）。

jiā yù hù xiǎo
家喻户晓
だれもが知っている。

用 国家资助家庭经济困难学生的政策**家喻户晓**。（政府が貧しい学生を援助するという政策はよく知られている）

解 出典は『烈女伝』。前漢の女性梁姑姐（りょうこそ）は，火事の時，兄の子を助けようとしたが，助かったのは自分の子だけだった。身勝手という悪名が立つのを恥じ，自ら火に飛び込んだという。

dōng shān zài qǐ
东山再起
もとの地位に戻る。失敗から再起する。

用 他犯了严重错误而被革职了，人们都不希望他**东山再起**。（彼は重大な過ちを犯して罷免されたが，彼の再起を望む者はいない）

解 晋の謝安は文才優れた役人だったが，病気を口実に会稽東山（かいけい）に隠棲（いんせい）し，王羲之（おうぎし）ら文人との交遊を楽しんでいた。やがて外敵の侵入に急きょ将軍に抜擢（ばってき）され，大きな功績を挙げた。

物語と詩歌

☑ 1 2 3 4 5

□□弟子

☑ 1 2 3 4 5

模棱□□

☑ 1 2 3 4 5

熟□□巧

☑ 1 2 3 4 5

□灾□祸

mó léng liǎng kě
模棱两可
どっちつかずである。あいまいである。

用 我在追一女孩，但她总是**模棱两可**的态度。（僕はずっとある女の子を追いかけているのだが，彼女はいつもあいまいな態度だ）

解 唐の詩人蘇味道（そみどう）は順調に宰相にまで上り，処世として常にどちらともとれる，あいまい模糊（もこ）とした態度を取った。世の人は彼を"苏模棱"（あいまい蘇）と呼んだという。

lí yuán dì zǐ
梨园弟子
舞台役者。

用 北京涌现出不少身怀绝技的**梨园弟子**。（北京はすばらしい演技力を持つ役者を輩出した）

解 唐の玄宗皇帝は，宮殿内の梨園に音楽教習所を作って自ら歌舞を教えた。ここで学ぶ者を"梨园弟子"と呼んだが，やがて役者全体をこう呼ぶようになった。

xìng zāi lè huò
幸灾乐祸
人の不幸を喜ぶ。人の不幸はみつの味。

用 对别人的失误**幸灾乐祸**是缺乏修养的表现。（人の失敗を喜ぶのは，教養のなさをさらけ出している）

解 出典は『左伝』。晋が飢饉（ききん）で秦に食糧を求めると，秦は応じた。しかし，秦が飢饉で晋に求めると，晋王はこれを拒否したため，臣下が「他の災を喜ぶは仁ならず」といさめたという。

shú néng shēng qiǎo
熟能生巧
習うより慣れよ。どんな事も慣れればコツが分かる。

用 英语单词是需要死记硬背的，**熟能生巧**啊！（英単語は暗記が必要。繰り返せばうまくなるさ）

解 北宋の矢の名手陳某は十中八九矢を的（まと）に当てた。見る者は皆驚きほめたが，油売りの老人だけはほめない。銅銭の穴から油をひょうたんに注ぎ，「これと同じだ。練習すればだれにでもできる」と言ったという。

物語と詩歌

☑1 2 3 4 5

| 班 | 门 | | |

☑1 2 3 4 5

| | | 效 | 顰 |

☑1 2 3 4 5

| | 卫 | 填 | |

☑1 2 3 4 5

| 两 | | 清 | |

dōng shī xiào pín
东施效颦
西施のひそみにならう。むやみに他人のまねをする。

用 如果盲目地学习就容易犯"东施效颦"一样的错误。（盲目的にまねると，東施のような失敗を犯しがちだ）

解 春秋時代越の西施は評判の美女だったが，体が弱く，よくみぞおちが痛んで眉をひそめた。隣の村の醜女がその姿をまねると，皆彼女を東施と呼んで恐れたという。

bān mén nòng fǔ
班门弄斧
釈迦に説法。専門家の前で知ったかぶりをすること。

用 今天在各位名家面前谈创作，我真是**班门弄斧**了。（今日はこのような名のある方々の前で創作の話をさせていただき，まったく身の程知らずなことです）

解 戦国時代の魯班は，物を作るのに巧みで大工の祖と言われる。魯班の前の大工仕事，つまり図々しいという意味。

liǎng xiù qīng fēng
两袖清风
役人が清廉潔白であること。

用 对于"**两袖清风**"，早就不是什么新鲜名词，可仍然深得民心。（両袖の中は清らかな風のみ」という言葉は昔からあるが，今なお民衆の心をとらえている）

解 明の于謙は清廉潔白な役人で詩人でもあった。腐敗していた役人の世界の中でわいろをとらず，「袖の中は清らかな風が吹くのみ」という詩を残している。

jīng wèi tián hǎi
精卫填海
困難にめげず努力奮闘する。

用 我们要学习**精卫填海**精神，加快西部城市经济建设。（私たちは精衛の精神に学び，西部都市の経済建設を急がねばならない）

解 出典は『山海経』。海でおぼれ死んだ炎帝の娘は，精衛という名の小鳥になった。石や小枝を運んできては東海を埋め，命を奪われた恨みを晴らそうとしたが，どうしても果たせなかった。

bīn zhì rú guī
宾至如归
まるで自分の家に帰ったような厚いもてなしを受けること。

用 热情周到的接待和安排让他们有**宾至如归**的感觉。(親切で至れり尽せりのもてなしと手配に，彼らはすっかりくつろいだ気持ちになった)

解 春秋鄭公子が晋で冷淡な扱いを受けた時,「貴国は我が家に帰ったようにもてなしてくれると聞いていたのに」と文句を言うと，晋は態度を変えたという。

míng luò sūn shān
名落孙山
不合格になる。

用 本人是一个高考**名落孙山**之人，现在不知道该干些什么。(今年大学受験に失敗した。これからどうしたらいいだろう)

解 宋代，蘇州に孫山という書生がいた。友人とともに科挙を受け最下位で合格した。友人の父親に友人の結果を問われ「私がビリで，息子さんはその外側です」と答えたという。

jiǔ chí ròu lín
酒池肉林
酒池肉林。ぜいたく極まりない宴会。

用 那个人整天沉溺于**酒池肉林**的生活。(あの人は終日ぜいたくで無軌道な生活におぼれている)

解 出典は『史記』。商の紂王(ちゅうおう)は暴虐な王で，残酷極まりない刑を民に課し，宮殿の中は酒で池を作り肉を木々にぶらさげ，ぜいたくでいん乱な暮らしにふけった。

gōu xīn dòu jiǎo
勾心斗角
暗闘する。互いに腹の中で争い合う。

用 办公室里的那种**勾心斗角**真让我烦死了。(オフィスのあの角突合いには，まったくうんざりだ)

解 秦の始皇帝は，ぜいを凝らし豪華けんらんたる阿房宮を建てたが，その後項羽によってそのすべては灰になった。この故事にちなみ，もとは建築構造が精巧複雑であることを言った。

物語と詩歌

☑1 2 3 4 5

鱗次□□

☑1 2 3 4 5

□□重圓

☑1 2 3 4 5

水□渠□

☑1 2 3 4 5

啼□皆□

pò jìng chóng yuán
破镜重圆
別れた夫婦がもとのさやに納まる。

用 他希望我和他能**破镜重圆**，但我还相当踌躇。(彼は復縁を望んでいるが，私はまだ躊(ちゅうちょ)躇している)

解 南朝陳が隋に滅ぼされる時，徐徳言は帝の妹である妻が捕虜になる前に鏡を二つに割り一つを持たせた。陳滅亡後，これを頼りに妻を探し，二人はまたともに暮らせるようになったという。

lín cì zhì bǐ
鳞次栉比
魚のうろこ，くしの歯のようにずらりと並んでいる。

用 一眼望过去，老字号店铺**鳞次栉比**，一派繁华气象。(見渡すと，しにせが軒を並べ，活気あふれる様子である)

解 南朝宋の鮑照(ほうしょう)の詩に"京城十二衢，飞甍各鳞次"(都はたくさんの大通りがあり，建物がいらかを並べている)とあるところから。

tí xiào jiē fēi
啼笑皆非
泣くに泣けず笑うに笑えぬ。悩ましいがこっけいでもある。

用 他的言词总使大家**啼笑皆非**。(彼の言葉はいつも皆を泣くに泣けず笑うに笑えなくする)

解 南朝陳が滅亡し，帝の妹である徐徳言の妻は敵方の妾となった。その後，徐との再婚が許されるが，その三人が出会う場で詩に「"啼笑皆非"，どういう顔をしたらよいものか」と書いた。

shuǐ dào qú chéng
水到渠成
条件が満たされれば，ものごとは順調に運んでいく。

用 他一直努力学习，能考上大学应该是**水到渠成**的事了。(ずっとがんばっているのだから，大学に合格するのは当然だ)

解 宋の文学者蘇軾(そしょく)は，少ない俸禄(ほうろく)を一日分ずつ天井からぶら下げ，余ると竹筒に貯金した。やがて水の流れが水路になるように，やりくりが楽になった。

物語と詩歌

☑ 1 2 3 4 5

登□門

☑ 1 2 3 4 5

□□善舞

☑ 1 2 3 4 5

□色□香

☑ 1 2 3 4 5

居□□危

cháng xiù shàn wǔ
长袖善舞
財や手腕があれば，うまく立ち回ることができる。

用 他在主持会谈过程中，**长袖善舞**、手腕灵活，赢得了好评。（彼は会議をリードしていく中で、優れた手腕を発揮し、好評を得た）

解 そでが長ければ舞いがきれいに見える。戦国時代の範雎（はんき）と蔡沢（さいたく）はともに弁舌で秦王の信任を得た。その理由を韓非子は「"長袖善舞"，優れた弁舌の才があったからだ」と述べた。

Dēnglóngmén
登龙门
①有力者の引き立てで声望を得る。②科挙の会試に受かる。

用 他写下《登科后》这首有名的诗，抒发自己跃**登**"**龙门**"后的愉快心情。（彼は『登科後』という有名な詩を書いて「竜門」をくぐった喜びを歌った）

解 黄河下流の鯉は，竜門（陝西省と山西省の境界付近）に来ると水勢が強く，その先には行けないのだが，そこを登り切ったものは竜になるという。

jū ān sī wēi
居安思危
平和な時も危険や困難に備える。

用 我们一定要**居安思危**，增强忧患意识。（平和な時にあっても危機意識を強く持つべきだ）

解 春秋時代，晋や宋など12カ国の連合軍が鄭を攻めた。鄭は晋に財宝や美女を贈って和平を求めた。晋王はそれらを喜んで大臣と分け合ったが，臣下の一人が平和な時こそ危機に備えるべきだといさめた。

guó sè tiān xiāng
国色天香
女性が美しいさま。

用 她确实是个美女，**国色天香**，很有风度。（彼女は確かに美女だ。美しくて気品がある）

解 唐の李浚（りしゅん）『国色朝甜酒，天香夜染衣』という牡丹（ぼたん）を称える詩から。もとは牡丹の美しさや香りを称えた言葉。

物語と詩歌

☑1 2 3 4 5

☐ ☐ 纸 贵

☑1 2 3 4 5

倾 ☐ 倾 ☐

杨贵妃

☑1 2 3 4 5

月 下 ☐ ☐

☑1 2 3 4 5

☐ 音

23

qīng chéng qīng guó
倾城倾国
絶世の美女。

用 她是一个**倾城倾国**的混血美女。
（彼女は絶世の混血美女だ）
解 武帝の楽師李延年(がくし)が「北方に美女あり。一たび見るや城を傾け、再度見るや国を傾ける」と歌ったところ、帝がそんな美女がいるのかと聞いた。実はそれは李の妹のことで、果たしてたいへんな美女だった。その後、彼女は武帝に嫁いだ。

luò yáng zhǐ guì
洛阳纸贵
本が非常によく売れる。

用 他的小说在报纸上连载后人们争相抢购，一时**洛阳纸贵**！（彼の小説が新聞に連載された後、人々がこれを争って買い、一時たいへんな売れ行きだった）
解 晋の左思が『三都賦(さんとふ)』を書いた時、人々がそれを争って書き写したため、洛陽の紙の値段が上がったという故事にちなむ。

zhīyīn
知音
親友。自分の才能を分かってくれる人。

用 人们说"**知音**难求"，确实不假。（親友はそう簡単にできるものではないと言うが、確かにそのとおりだ）
解 春秋時代、琴の名手俞伯牙(ゆはくが)は、親友の鍾子期(しょうしき)が死ぬと、自分の音楽の理解者はもういないと言って、琴の糸を切ってしまったという。

yuè xià lǎo rén
月下老人
仲人(なこうど)。媒酌人(ばいしゃくにん)。

用 我真的希望做他们的**月下老人**。（私は本当に彼らの縁結び役になりたい）
解 唐代、ある人が一人の老人に出会った。老人が月明りの下(もと)、書物を見ているので、何が書いてあるのかと聞くと、ここには天による縁組が書かれていると答えた。

物語と詩歌

☑1 2 3 4 5

□ □ 主

☑1 2 3 4 5

空 □ □

☑1 2 3 4 5

民 □ 食
□ 天

☑1 2 3 4 5

□ □ 欲 来
风 满 □

25

kōngchéngjì
空城计
自分の弱みを隠して相手をだます。はったり。

用 原来，他用的是**空城计**啊！（なんとあいつははったりでだます手を使ったか）

解 蜀の軍師諸葛孔明が，魏との戦いに大軍を送った後，少数の兵と城を守っていると，魏の大軍が押し寄せた。孔明が城楼でのんびり琴を弾くさまを見せると，魏軍は「だまされるな！大軍が隠れている」と撤退した。

dōngdàozhǔ
东道主
客をもてなす主役(あるじ)。ホスト側。

用 中国女排完胜**东道主**意大利队。（中国女子バレーは，主催国イタリアに完全勝利した）

解 春秋時代，晋秦連合軍に攻められた鄭は秦に「我が国の滅亡は晋にのみ利があり，強大な晋は貴国に不利だ。撤退するなら，以後，東の我が国に来た時，客人としてもてなそう」と言ったので，秦は鄭と同盟を結んだ。

shān yǔ yù lái fēng mǎn lóu
山雨欲来风满楼
衝突や戦争が起こる前の緊張した空気のこと。

用 **山雨欲来风满楼**，我们必须做好充分的准备。（山雨来たらんと欲して，風，楼に満つ〔不穏な空気が漂う今〕，我々はしっかりと覚悟をしなければならない）

解 出典は唐の許渾(きょこん)の詩『咸陽城東楼』。許渾がある秋の夕暮れ，咸陽(かん)の城門に登って実景を詠(よう)んだものだが，不穏な空気と緊張感も伝えている。

mín yǐ shí wéi tiān
民以食为天
民衆にとって一番大事なことは食べるということである。

用 **民以食为天**，吃饭是人生头等大事。（民は食をもって天とする。食事は人生で一番大切だ）

解 劉邦が項羽との戦いで形勢が危うくなり滎陽(けいよう)から撤退しようとした時，部下の一人がそこに食糧が備蓄されていることを知って「王は民を天とし，民は食を天とする」と言い，戦いの継続を進言した結果，勝利した。

カルタ取得数

物語と詩歌の成語，48枚中何枚取れましたか？

1回目	2回目	3回目	4回目	5回目
枚	枚	枚	枚	枚

　カルタ"茅塞頓開"は取れましたか。この成語については，2009年，就任直後のオバマ大統領が中国からの代表団と会見した際，そのあいさつの中に入れたとして話題を呼びました。「孟子の言葉に『山道は人が歩けば道になるが，歩かなければ雑草でふさがれる』とあるが，相互不信によって道を雑草でふさぐことはあってはならない」と語りかけたのだそうです。それを聞いた中国側はしばらく何の意味か分からず，その後「ああ"茅塞頓開"の典故の話か！」と思ったのだとか。

　それでは次はドリルです。

立竿见影ドリル・問題

1 左側の成語と右側の意味を線で結び，声に出して読んでみましょう。

白面书生・　　　　・親友
宾至如归・　　　　・条件があれば物事はスムーズ
后顾之忧・　　　　・後顧の憂い
民以食为天・　　　・経験の乏しいインテリ
水到渠成・　　　　・家に帰ったようにもてなされる
知音　　・　　　　・民にとっては食が第一

东道主　・　　　　・好きになると相手のすべてが好き
勾心斗角・　　　　・習うより慣れよ
毛遂自荐・　　　　・女性が美しいさま
熟能生巧・　　　　・腹の中で争い合う
爱屋及乌・　　　　・ホスト側
国色天香・　　　　・自薦する

安居乐业・　　　　・あいまい模糊
东施效颦・　　　　・平和にあっても危機に備える
模棱两可・　　　　・同病相憐む
居安思危・　　　　・むやみに他人のまねをする
同病相怜・　　　　・落ち着いて楽しく暮らす
先发制人・　　　　・先んじれば人を制す

死里逃生・　　　　・見た目はきれいでも中身がない
天涯若比邻・　　　・院政を敷く
大公无私・　　　　・身の程知らず
夜郎自大・　　　　・命拾いをする
华而不实・　　　　・公正で私心がない
垂帘听政・　　　　・離れていても近隣のように近しい

解 答

1

- 白面书生 — 経験の乏しいインテリ bái miàn shū shēng
- 宾至如归 — 家に帰ったようにもてなされる bīn zhì rú guī
- 后顾之忧 — 後顧の憂い hòu gù zhī yōu
- 民以食为天 — 民にとっては食が第一 mín yǐ shí wéi tiān
- 水到渠成 — 条件があれば物事はスムーズ shuǐ dào qú chéng
- 知音 — 親友 zhīyīn

- 东道主 — ホスト側 dōngdàozhǔ
- 勾心斗角 — 腹の中で争い合う gōu xīn dòu jiǎo
- 毛遂自荐 — 自薦する máo suì zì jiàn
- 熟能生巧 — 習うより慣れよ shú néng shēng qiǎo
- 爱屋及乌 — 好きになると相手のすべてが好き ài wū jí wū
- 国色天香 — 女性が美しいさま guó sè tiān xiāng

- 安居乐业 — 落ち着いて楽しく暮らす ān jū lè yè
- 东施效颦 — むやみに他人のまねをする dōng shī xiào pín
- 模棱两可 — あいまい模糊 mó léng liǎng kě
- 居安思危 — 平和にあっても危機に備える jū ān sī wēi
- 同病相怜 — 同病相憐む tóng bìng xiāng lián
- 先发制人 — 先んじれば人を制す xiān fā zhì rén

- 死里逃生 — 命拾いをする sǐ lǐ táo shēng
- 天涯若比邻 — 離れていても近隣のように近しい tiān yá ruò bǐ lín
- 大公无私 — 公正で私心がない dà gōng wú sī
- 夜郎自大 — 身の程知らず yè láng zì dà
- 华而不实 — 見た目はきれいでも中身がない huá ér bù shí
- 垂帘听政 — 院政を敷く chuí lián tīng zhèng

> ドリル・問　題

2　次の故事を読んで，そこからできた成語を書いてみましょう。

① 前漢の司馬相如は卓王孫の娘卓文君と愛し合うが，卓王孫に相如の貧しさが嫌われ認めてもらえないまま駆け落ちし，赤貧洗うがごとき生活を始めた。

② 蜀の諸葛孔明が少数の兵と城を守っていると，魏の大軍が押し寄せた。孔明が城楼の上で琴を弾いていると，大軍がどこかに隠れていると言って敵は撤退した。

③ 春秋時代，琴の名手兪伯牙は親友の鍾子期が死ぬと，自分の音楽の理解者はもういないと言って琴の糸を切ってしまった。

④ 武帝の楽師李延年が「北方に美女あり。一たび見るや城を傾け，再度見るや国を傾ける」と歌ったところ，武帝がそんな美女がいるのかと聞いた。

⑤ 唐代，月夜の晩，ある人が一人の老人に会った。老人が書物を見ているので何が書いてあるのかと聞くと，ここには天による縁組が書かれていると答えた。

⑥ 海でおぼれ死んだ炎帝の娘は，精衛という名を持つ小鳥になり，石などを運んで東海を埋め命を奪われた恨みを晴らそうとしたが，果たせなかった。

⑦ 宋代，孫山という書生が友人とともに科挙を受け，一番下の成績で合格した。友人の結果を問われ「私がビリで，彼はその外側です」と答えた。

⑧ 明朝の于謙は腐敗していた役人の世界の中でわいろをとらず，「袖の中は清らかな風が吹くのみ」という詩を残した。

⑨ 南宋の詩論家厳羽は李白の豪壮華麗な詩を評して「扉をあければ山が見える」と書いた。

⑩ 「山道は常に歩けば道になるが，使わなければ茅(ちがや)がこれをふさいでしまう。今のお前の頭はその状態だ」と孟子が弟子に言った。

⑪ 蜀滅亡後，劉禅は洛陽に行き，蜀の歌舞を見せられて臣下は皆涙を流すが，劉禅はひとり楽しみ「ここは楽しい。蜀のことは忘れた」と言った。

⑫ 陳が滅亡し，陳帝の妹は敵方の妾となった。その後元夫との再婚が許されるが，その三人が出会う場で詩に「どういう顔をしたらよいものか」と書いた。

⑬ 晋の左思が『三都賦』を書いた時，人々がそれを争って書き写したため，洛陽の紙の値段が上がった。

⑭ 晋が飢饉の時，秦に食糧を求めると秦は応じた。しかし秦が飢饉で晋に食糧を求めると晋王は拒否したので，臣下が「他の災を喜ぶは仁ならず」といさめた。

解 答

2

① 家徒四壁（jiā tú sì bì　ひどく貧しい）

② 空城计（kōngchéngjì　自分の弱みを隠して相手をだます）

③ 知音（zhīyīn　親友）

④ 倾国倾城（qīng guó qīng chéng　絶世の美女）

⑤ 月下老人（yuè xià lǎo rén　縁結び）

⑥ 精卫填海（jīng wèi tián hǎi　困難に負けず努力する）

⑦ 名落孙山（míng luò sūn shān　不合格になる）

⑧ 两袖清风（liǎng xiù qīng fēng　役人がわいろを取らない）

⑨ 开门见山（kāi mén jiàn shān　単刀直入に話す）

⑩ 茅塞顿开（máo sè dùn kāi　目からうろこが落ちる）

⑪ 乐不思蜀（lè bù sī shǔ　新しい環境が楽しくて帰るのを忘れる）

⑫ 啼笑皆非（tí xiào jiē fēi　泣くに泣けず笑うに笑えない）

⑬ 洛阳纸贵（luò yáng zhǐ guì　本が非常によく売れる）

⑭ 幸灾乐祸（xìng zāi lè huò　人の不幸を喜ぶ）

> ドリル・問　題

3 （　）に入る成語を書き，声に出して読んでみましょう。

① （　　　　　　），吃饭是人生的头等大事。(**民は食をもって天とする**。食事は人生で一番大切だ)

② 我真的希望做他们的（　　　　　　）。(私は本当に彼らの**縁結び役**になりたい)

③ （　　　　　　），我们必须做好充分的准备。(**山雨来たらんと欲して，風，楼に満つ**〔不穏な空気が漂う今〕，我々はしっかりと覚悟をしなければならない)

④ 他在主持会谈过程中，（　　　　　　），手腕灵活，赢得了好评。(彼は会議をリードしていく中で，**優れた手腕を発揮し**，好評を得た)

⑤ 他希望我和他能（　　　　　　），但我还相当踌躇。(彼は**復縁**を望んでいるが，私はまだ躊躇している)

⑥ 一眼望过去，老字号店铺（　　　　　　），一派繁华气象。(見渡すと，しにせが**軒を並べ**，活気あふれる様子である)

⑦ 那个人整天沉溺于（　　　　　　）的生活。(あの人は終日**ぜいたくで無軌道な生活**におぼれている)

⑧ 今天在各位名家面前谈创作，我真是（　　　　　　）了。(今日は名のある方々の前で創作の話をさせていただき，まったく**身の程知らず**なことです)

⑨ 我在追一女孩，但她总是（　　　　　　）的态度。(僕はずっとある女の子を追いかけているのだが，彼女はいつも**あいまいな態度**だ)

⑩ 北京涌现出不少身怀绝技的（　　　　　　）。(北京はすばらしい演技力を持つ**役者**を輩出した)

⑪ 国家资助家庭经济困难学生的政策（　　　　　　）。(政府が貧しい学生を援助するという政策は**よく知られている**)

⑫ 环境优美的城市景观令人（　　　　　　）。(環境の美しい都市景観は**人の心を晴れ晴れとさせる**)

⑬ 本人是一个高考（　　　　　　）之人，现在不知道该干些什么。(今年大学**受験に失敗した**。これからどうしたらいいだろう)

⑭ 他犯了严重错误而被革职了，人们都不希望他（　　　　　　）。(彼は重大な過ちを犯して罷免されたが，彼の**再起**を望む者はいない)

解　答

3
① (**民以食为天**)，吃饭是人生的头等大事。
　　　mín yǐ shí wéi tiān
② 我真的希望做他们的 (**月下老人**)。
　　　　　　　　　　　yuè xià lǎo rén
③ (**山雨欲来风满楼**)，我们必须做好充分的准备。
　　shān yǔ yù lái fēng mǎn lóu
④ 他在主持会谈过程中，(**长袖善舞**)、手腕灵活，赢得了好评。
　　　　　　　　　　　cháng xiù shàn wǔ
⑤ 他希望我和他能 (**破镜重圆**)，但我还相当踌躇。
　　　　　　　　　pò jìng chóng yuán
⑥ 一眼望过去，老字号店铺 (**鳞次栉比**)，一派繁华气象。
　　　　　　　　　　　　lín cì zhì bǐ
⑦ 那个人整天沉溺于 (**酒池肉林**) 的生活。
　　　　　　　　　　jiǔ chí ròu lín
⑧ 今天在各位名家面前谈创作，我真是 (**班门弄斧**) 了。
　　　　　　　　　　　　　　　　　bān mén nòng fǔ
⑨ 我在追一女孩，但她总是 (**模棱两可**) 的态度。
　　　　　　　　　　　　mó léng liǎng kě
⑩ 北京涌现出不少身怀绝技的 (**梨园弟子**)。
　　　　　　　　　　　　　　lí yuán dì zǐ
⑪ 国家资助家庭经济困难学生的政策 (**家喻户晓**)。
　　　　　　　　　　　　　　　　　jiā yù hù xiǎo
⑫ 环境优美的城市景观令人 (**心旷神怡**)。
　　　　　　　　　　　　　xīn kuàng shén yí
⑬ 本人是一个高考 (**名落孙山**) 之人，现在不知道该干些什么。
　　　　　　　　　míng luò sūn shān
⑭ 他犯了严重错误而被革职了，人们都不希望他 (**东山再起**)。
　　　　　　　　　　　　　　　　　　　dōng shān zài qǐ

終わったら、またカルタのページへ！

第2章
植物の成語

　成語には植物がたくさん登場します。花や草，根といった言葉とともに，桃やすもも，竹やえんじゅなど，中国の昔の風景がほうふつとされる植物が現れます。カルタの絵とともに植物の出てくる成語を覚えていきましょう。

花言巧语　　花枝招展　　眼花缭乱　　落花流水
借花献佛　　柳暗花明　　走马看花　　闭月羞花
铁树开花　　世外桃源　　桃李不言，下自成蹊
桃李满天下　草木皆兵　　青梅竹马　　叶落归根
根深蒂固　　树大招风　　枯木逢春　　指桑骂槐
势如破竹　　胸有成竹　　雨后春笋　　瓜田李下
滚瓜烂熟　　名列前茅　　如火如荼　　藕断丝连
萍水相逢

　植物の成語カルタは以上28個の中から順不同で現れます。絵と絵の上部に書かれた成語の一部を頼りに当ててください。分かったら，まず声に出してみましょう。次に紙に書いてみてください。これが両方できたら，そのカルタはあなたのものです。

　それではスタート！

✔ 1 2 3 4 5

花□ 巧□

✔ 1 2 3 4 5

世□ 桃□

✔ 1 2 3 4 5

草□□兵

✔ 1 2 3 4 5

□桑□槐

植物

shì wài táo yuán
世外桃源
ユートピア。桃源郷。理想郷。

用 中国美景多多，而你心中的**世外桃源**在哪里？（中国は景勝の地がとても多いが，あなたにとってのユートピアはどこ）

解 出典は晋代の文学者陶淵明の『桃花源記』。似た意味の言葉としては英語「ユートピア」からの訳語"乌托邦" wūtuōbāng もある。

huā yán qiǎo yǔ
花言巧语
口先だけのうまい話。甘言（を並べる）。

用 不要轻易相信男人的**花言巧语**。（男の甘い言葉を簡単に信じないように）

解 "花"は「花」ではなく，「うその。誠意がない」という意味。出典は『朱子語類』。マイナスイメージの言葉。

zhǐ sāng mà huái
指桑骂槐
あてこする。

用 她可不是跟他闲谈，而是**指桑骂槐**地讽刺他。（彼女は彼とおしゃべりをしているのではなく，あてこすって彼を皮肉っているのだ）

解 桑を指してえんじゅ（の木）をののしる。出典は『紅楼夢』。

cǎo mù jiē bīng
草木皆兵
疑心暗鬼。

用 自从"911"以后人们担心再次遭遇恐怖袭击，美国各地简直是**草木皆兵**。（同時多発テロ以降，人々はまたテロに遭うのではないかと，米国各地は疑心暗鬼状態になっている）

解 秦王苻堅(ふけん)は江南の晋を討とうとしたが，逆に敗北を喫する。その時苻堅はおびえるあまり，草木まで敵兵に見えたという。

☑1️⃣2️⃣3️⃣4️⃣5️⃣

| | |招|展|

☑1️⃣2️⃣3️⃣4️⃣5️⃣

|桃|李| | |,
|下|自| | |

植物

☑1️⃣2️⃣3️⃣4️⃣5️⃣

| | |竹|马|

☑1️⃣2️⃣3️⃣4️⃣5️⃣

|势|如| | |

táo lǐ bù yán, xià zì chéng xī
桃李不言，下自成蹊
何も言わなくても人柄を慕って人が集まってくる。

用 "桃李不言，下自成蹊"是我们每一位教育工作者所追求的一种境界。(「桃李言わざれども下自ずから蹊を成す」という言葉こそ教育者が求める境地である)

解 桃やすももは何も言わなくても、その実を求めておのずと道ができる。出典は『史記』。カルタの絵はこの成語を比ゆ的、漫画的ニュアンスで用いている。

huā zhī zhāo zhǎn
花枝招展
はでに着飾っていて人目を引く様子。

用 他们个个神采飞扬，搂着**花枝招展**的女人轻歌曼舞。(彼らは皆自信たっぷりな様子で、華やかに着飾った女たちを抱いて軽やかに踊っていた)

解 "招展"は「風に揺れる様子」。出典は『醒世恒言』。

shì rú pò zhú
势如破竹
破竹の勢い。

用 我省经济形势发展**势如破竹**。(我が省の経済は破竹の勢いで発展している)

解 竹は上の節を裂くだけで後の節は自然と裂けていく。そのように勢いがあること。出典は『資治通鑑』。

qīng méi zhú mǎ
青梅竹马
幼なじみ。

用 当年一对**青梅竹马**的小儿女，今天成了如胶似漆的恩爱夫妻。(かつての幼なじみが今日こんなにも仲むつまじい夫婦になった)

解 青梅は女の子の遊び道具、竹馬は男の子の遊び道具。出典は李白『長干行』。少女が幼なじみと結婚し、やがて出征した夫の帰りを待ちわびる歌。

☑ 1 2 3 4 5

□ □ 缭 乱

☑ 1 2 3 4 5

叶 落 □ □

植物

☑ 1 2 3 4 5

雨 后 □ □

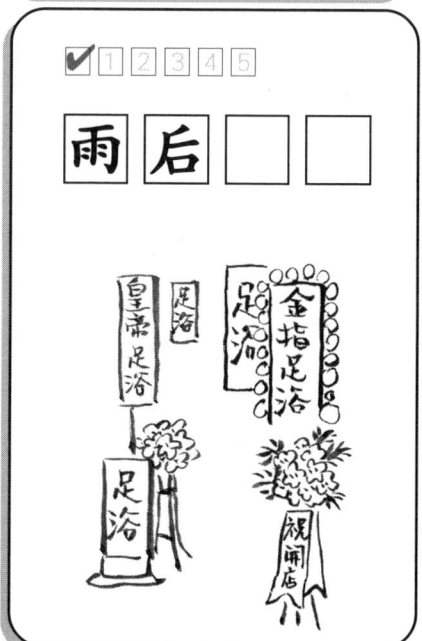

☑ 1 2 3 4 5

□ □ 烂 熟

yè luò guī gēn
叶落归根
人や物には落ち着き先がある。

用 我不愿一辈子漂泊在外，最终总是要**叶落归根**。（一生異郷を流浪していたくはない，いずれはふるさとに帰ろうと思う）

解 葉が落ちて根に帰る。異郷にさすらう人も最後はふるさとに戻るという意味でよく用いられる。反義語は"背井离乡"bèi jǐng lí xiāng「ふるさとを離れる」。

yǎn huā liáo luàn
眼花缭乱
複雑で目がくらくらする。

用 北京城内现在的建筑群多得简直让人**眼花缭乱**。（北京の市街地にある今のビル群はすごい数で目がくらくらしてくるほどだ）

解 "花"は「花」ではなく，「目がちらちらする」という意味。"缭"は「まといつく」。出典は『西廂記』。

gǔn guā làn shú
滚瓜烂熟
すらすらと読んだり暗記する。

用 他把学的课本背得**滚瓜烂熟**。（彼は学んだテキストを一冊すらすら暗記する）

解 ウリは熟すと自然に落ちてくる。そのくらい熟しているということ。「熟す」と「熟練している」を掛けている。プラスイメージの言葉。

yǔ hòu chūn sǔn
雨后春笋
雨後のたけのこ。

用 社区里的便利店如**雨后春笋**般地不断冒出。（団地内のコンビニが続々現れている）

解 春の雨が一降りすると瞬く間にたけのこが大きく育つ様子から，良い事が続々と勢いよく現れるさまを言う。「雨後のたけのこ」はプラスイメージとは言えないが，中国語のほうはプラスイメージの言葉。

落□流□

桃李
□天下

根深□□

□□前茅

植物

táo lǐ mǎn tiān xià
桃李满天下
各地に自分が育てた弟子がいる。

用 短短十几天就**桃李满天下**了。用这句话来形容奥运村里的中文老师们，真是再贴切不过了。（わずか十数日で生徒は世界中に。オリンピック村の中国語教師たちを形容するのにこれ以上適切な言葉はない）

解 "桃李"は「後輩。弟子」。教師をほめたたえる言葉。

luò huā liú shuǐ
落花流水
こてんぱんにやられる。

用 我们球队被打得**落花流水**，四强的梦想彻底被击碎。（私たちのチームはさんざんやられて，ベスト4に残る夢は完全に砕かれた）

解 もとは過ぎ行く春の景色のこと。その後さんざん打ちのめされる意味で使われるようになった。マイナスイメージの言葉。

míng liè qián máo
名列前茅
試験で優秀な成績を取る。席次が前の方である。

用 中国银行业的利润在全球**名列前茅**。（中国銀行業の利潤は世界でもトップレベルだ）

解 "茅"は「チガヤ」というススキに似た植物。屋根をふくのに用いられる。昔，進軍の際，先頭を行く兵士がこれを目印の旗代わりに持った。

gēn shēn dì gù
根深蒂固
根が深くて頑固。

用 "名校情节"为何在一些学生家长的心目中如此**根深蒂固**？（「有名校へのこだわり」はなぜ一部の親たちの心にかくも深く根を下ろしてしまったのか）

解 "蒂"は植物のへたや茎。一般に偏見などマイナスイメージに用いる。絵は老人が相変わらず男の子をかわいがる様子。

☑ 1 2 3 4 5

| 借 | | 献 | |

☑ 1 2 3 4 5

| | 树 | | 花 |

植物

☑ 1 2 3 4 5

| 胸 | 有 | | |

☑ 1 2 3 4 5

| 如 | | 如 | |

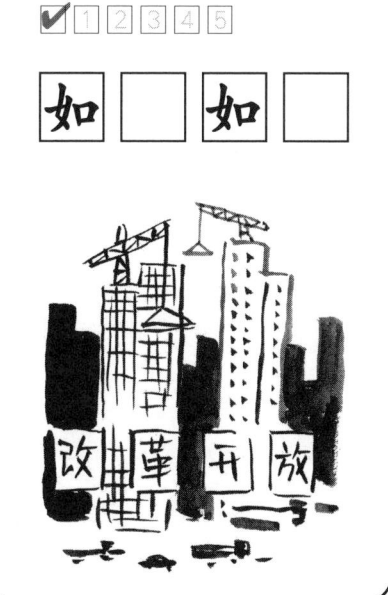

tiě shù kāi huā
铁树开花
極めて珍しい事。

用 如果说他都能成为科学家，那简直是**铁树开花**！（彼が科学者になれるなんて，まずあり得ない）

解 "铁树"は「ソテツ」。ソテツの木に花が咲く。中国の北方ではソテツにはめったに花が咲かないところから。カルタの絵は鍼灸(しんきゅう)の治療でろうあ者の子供がしゃべれるようになった様子。

jiè huā xiàn fó
借花献佛
人からもらった物で義理を果たす。

用 我不能回家向您祝福，在网上看到这八个字，便想把它**借花献佛**送给您。祝您春节愉快，牛年牛气！（帰郷してあいさつできないのでネットの八文字を借りる。良い正月を！牛年ファイト）

解 イナゴなどの害に困った村人をお釈迦様が助けてくれた。村人が借りてきた花を捧げると，以後豊かになったという故事から。

rú huǒ rú tú
如火如荼
大規模な行動の勢いが激しいさま。

用 各大商场情人节促销活动**如火如荼**。（大型ショッピングセンターではバレンタインデーのセールスキャンペーンが盛んに行われている）

解 "荼"は「チガヤの白い花」。一方は火のように赤く，一方はチガヤの花のように白いところから，戦場での軍容の盛んなこと。

xiōng yǒu chéng zhú
胸有成竹
成算あり。成功の見込みがある。

用 在比赛前我已经用了好几天的时间去背我的演讲稿，基本上**胸有成竹**了。（コンテスト前に何日も講演原稿を暗記し，うまくいくという自信を持っていた）

解 竹の絵を描く時は，まず竹の姿をしっかりイメージしなくてはならない。ものごとをやる前にきちんと準備をし，事の成就に自信を持つこと。

☑1 2 3 4 5

□ 马 □ 花

☑1 2 3 4 5

树 □ 招 □

植物

☑1 2 3 4 5

□ 田 □ 下

☑1 2 3 4 5

藕 断 □ □

shù dà zhāo fēng
树大招风
有名になったり金持ちになると攻撃の的になりやすい。

用 确实是**树大招风**，产品卖的越多的公司，他们的网页就越有可能遭到黑客的攻击。（出るくいは打たれる。製品がよく売れる会社ほど，そこのホームページはハッカーの攻撃を受けやすい）

解 木が大きいと風当たりが強い。出るくいは打たれる。個人に対しても組織に対しても使うことができる。出典は『西遊記』。

zǒu mǎ kàn huā
走马看花
うわべだけおおよそのところをざっと見る。

用 短时间的旅行只能是**走马看花**而已。（短時間の旅行というのはざっとおおよそのところを見るだけだ）

解 もとは馬に乗って気持ちよく景色を眺めること。反義語は"下马看花" xià mǎ kàn huā（じっくりと見る）。

ǒu duàn sī lián
藕断丝连
切れているようで実はまだつながっている。腐れ縁。

用 听说他们已经分手了，可暗地里还在**藕断丝连**。（彼らは別れたと言われているが，実はひそかにまだ続いている）

解 男女の仲について言うことが多い。唐の孟郊の詩『去婦』"妾心藕中丝，虽断犹牵连"（私の心のハスの糸は切ったのにまだつながっているようだ）から。

guā tián lǐ xià
瓜田李下
疑われやすい行為。

用 为了避免**瓜田李下**，惹人非议，他从不单独和女同事出游。（人から疑われ非難を招かないように，彼はこれまで女性の同僚と二人だけで出掛けたことはない）

解 盗みの嫌疑を避けるため，瓜の畑では靴を履き直したりせず，すももの木の下では冠を直したりしない。君子はふるまいに気をつけ，いざこざを避けるべし。

☑ 1 2 3 4 5

柳□花□

☑ 1 2 3 4 5

□月□花

植物

☑ 1 2 3 4 5

枯木□□

☑ 1 2 3 4 5

□□相逢

bì yuè xiū huā
闭月羞花
非常に美しい女性。

用 林家妹妹长得非常漂亮，如果用**闭月羞花**来形容，一点儿也不过分。（林家の娘はとても美しく，花も恥じらい月も隠れるという美女の例えで形容してもオーバーではないほどだ）

解 月も曇り花も恥じらう。"闭月"は『三国演義』に出てくる貂蝉(ちょうせん)。"羞花"は楊貴妃を指す。

liǔ àn huā míng
柳暗花明
苦しい状況を経て希望の光が見えてくる。

用 他曾经历了艰难的人生之路，但他以自己的毅力和勇气，终于迎来了今天的**柳暗花明**。（彼はかつて苦しい人生を生きてきたが，気力と勇気で，ついに今日のこの希望あふれる日を迎えることができた）

解 柳が茂る中，美しい春の景色が広がる場所に出る。南宋，陸游の詩『游山西村』から。

píng shuǐ xiāng féng
萍水相逢
赤の他人が偶然出会う。

用 我们**萍水相逢**，却有着兄弟姐妹般的情意。（赤の他人がたまたま出会っただけなのに，私たちは兄弟のような情で結ばれている）

解 "萍水"は「浮き草」。ディズニーのアニメ映画『アラジン』の主題歌として大ヒットした『ホールニューワールド』の中国語名とサビの部分にこの成語が使われている。

kū mù féng chūn
枯木逢春
衰えたものがまたよみがえる。

用 新的生活竟使他们的爱情**枯木逢春**。（新しい生活がなんと彼らの愛情を再びよみがえらせた）

解 もとは"枯木逢到春天又有生机，又要开花"（枯木が春になると生気がよみがえり花も咲く）という意味の仏教用語。

カルタ取得数

植物の成語，28枚中何枚取れましたか？

1回目	2回目	3回目	4回目	5回目
枚	枚	枚	枚	枚

植物

　カルタ"閉月羞花"は取れましたか。この成語には中国の四大美女のうち二人が登場します。貂蟬と楊貴妃です。では残りの二人は？というと，春秋時代の西施と漢代の王昭君です。この二人の美貌をたたえる成語に"沉鱼落雁"chén yú luò yànがあり，前半は西施，後半は王昭君を指しています。西施が川で洗濯をしていると，その美しさに魚は泳ぐのを忘れ，異邦に嫁がされた王昭君が故郷を思って琵琶をかき鳴らしていると，その姿と音色に空を飛ぶ雁が落ちてきたと言われます。

　それでは次はドリルです。

立竿见影・ドリル・問題

1 □に入る漢字を下から選んで入れて，成語の意味を言ってみましょう。
（树　木　花　草　叶　根　槐　梅　桃　竹
　笋　李　柳　桑　瓜　茅　荼　藕　萍）

□言巧语　　　铁□开花　　　青□竹马　　　□大招风

胸有成□　　　□田李下　　　如火如□　　　□断丝连

□枝招展　　　世外□源　　　□木皆兵　　　□深蒂固

落□流水　　　势如破□　　　名列前□　　　闭月羞□

眼□缭乱　　　桃□不言，下自成蹊　　枯□逢春　　　□水相逢

指□骂槐　　　滚□烂熟　　　借□献佛　　　□李满天下

雨后春□　　　□暗花明　　　□落归根　　　走马看□

2 ピンインを漢字に直し，意味を言ってみましょう。

① qīng méi zhú mǎ
② xiōng yǒu chéng zhú
③ shì wài táo yuán
④ míng liè qián máo
⑤ kū mù féng chūn
⑥ zhǐ sāng mà huái
⑦ jiè huā xiàn fó
⑧ yǔ hòu chūn sǔn
⑨ yè luò guī gēn
⑩ zǒu mǎ kàn huā
⑪ shù dà zhāo fēng
⑫ gēn shēn dì gù

解 答

1

花言巧语　　　铁树开花　　　青梅竹马　　　树大招风
うまい話　　　めったにない　幼なじみ　　　出るくいは打たれる

胸有成竹　　　瓜田李下　　　如火如荼　　　藕断丝连
成算あり　　　疑念を招く行為　勢いが激しい　腐れ縁

花枝招展　　　世外桃源　　　草木皆兵　　　根深蒂固
はでな身なり　ユートピア　　ひどくおびえる　根深い

落花流水　　　势如破竹　　　名列前茅　　　闭月羞花
無残にやられる　破竹の勢い　トップレベル　絶世の美女

眼花缭乱　　　桃李不言，下自成蹊　枯木逢春　　萍水相逢
目もくらむ　　人柄を慕って人が集まる　枯れ木に花　偶然の出会い

指桑骂槐　　　滚瓜烂熟　　　借花献佛　　　桃李满天下
あてこする　　すらすら暗記する　もらった物で義理を果たす　弟子が多い

雨后春笋　　　柳暗花明　　　叶落归根　　　走马看花
雨後のたけのこ　希望の光が射す　故郷に戻る　ざっと眺める

植物

2

① 青梅竹马　　幼なじみ
② 胸有成竹　　成算あり
③ 世外桃源　　ユートピア
④ 名列前茅　　トップレベル
⑤ 枯木逢春　　よみがえる
⑥ 指桑骂槐　　あてこする
⑦ 借花献佛　　借りたもので義理を果たす
⑧ 雨后春笋　　雨後のたけのこ
⑨ 叶落归根　　いずれは故郷に帰る
⑩ 走马看花　　ざっと眺める
⑪ 树大招风　　有名になるとあれこれ言われる
⑫ 根深蒂固　　根深い

ドリル・問題

3 （ ）に入る成語を書き，声に出して読んでみましょう。

① 中国美景多多，而你心中的（　　　　　　）在哪里？（中国は景勝の地がとても多いが，あなたにとっての**ユートピア**はどこ）

② 当年一对（　　　　　　）的小儿女，今天成了如胶似漆的恩爱夫妻。（かつての**幼なじみ**が今日こんなにも仲むつまじい夫婦になった）

③ 社区里的便利店如（　　　　　　）般地不断冒出。（団地内のコンビニが**続々**現れている）

④ 我们球队被打得（　　　　　　），四强的梦想彻底被击碎。（私たちのチームは**さんざんやられて**，ベスト4に残る夢は完全に砕かれた）

⑤ 各大商场情人节促销活动（　　　　　　）。（大型ショッピングセンターではバレンタインデーのセールスキャンペーンが**盛んに**行われている）

⑥ 短时间的旅行只能是（　　　　　　）而已。（短時間の旅行というのは**ざっとおおよそのところを見る**だけだ）

⑦ 我们（　　　　　　），却有着兄弟姐妹般的情意。（**赤の他人がたまたま出会っただけ**なのに，私たちは兄弟のような情で結ばれている）

⑧ 自从"911"以后人们担心再次遭遇恐怖袭击，美国各地简直是（　　　　　　）。（同時多発テロ以降，人々はまたテロに遭うのではないかと，米国各地は**疑心暗鬼**状態になっている）

⑨ "（　　　　　　）"是我们每一位教育工作者所追求的一种境界。（**桃李言わざれども下自ずから蹊を成す**」という言葉こそ教育者が求める境地である）

⑩ 北京城内现在的建筑群多得简直让人（　　　　　　）。（北京の市街地にある今のビル群はすごい数で**目がくらくらしてくる**ほどだ）

⑪ "名校情节"为何在一些学生家长的心目中如此（　　　　　　）？（「有名校へのこだわり」はなぜ一部の親たちの心にかくも**深く根を下ろしてしまった**のか）

⑫ 中国银行业的利润在全球（　　　　　　）。（中国銀行業の利潤は世界でも**トップレベル**だ）

⑬ 新的生活竟使他们的爱情（　　　　　　）。（新しい生活がなんと彼らの愛情を**再びよみがえらせた**）

解 答

3

① 中国美景多多，而你心中的（**世外桃源**）在哪里？
　　　　　　　　　　shì wài táo yuán

② 当年一对（**青梅竹马**）的小儿女，今天成了如胶似漆的恩爱夫妻。
　　　　qīng méi zhú mǎ

③ 社区里的便利店如（**雨后春笋**）般地不断冒出。
　　　　　　　　　　yǔ hòu chūn sǔn

④ 我们球队被打得（**落花流水**），四强的梦想彻底被击碎。
　　　　　　　　　luò huā liú shuǐ

⑤ 各大商场情人节促销活动（**如火如荼**）。
　　　　　　　　　　　　rú huǒ rú tú

⑥ 短时间的旅行只能是（**走马看花**）而已。
　　　　　　　　　　zǒu mǎ kàn huā

⑦ 我们（**萍水相逢**），却有着兄弟姐妹般的情意。
　　　píng shuǐ xiāng féng

⑧ 自从"911"以后人们担心再次遭遇恐怖袭击，美国各地简直是（**草木皆兵**）。
　　　　　　　　　　　　　　　　　　　　　cǎo mù jiē bīng

⑨ "（**桃李不言，下自成蹊**）"是我们每一位教育工作者所追求的一种境界。
　　táo lǐ bù yán, xià zì chéng xī

⑩ 北京城内现在的建筑群多得简直让人（**眼花缭乱**）。
　　　　　　　　　　　　　　　　yǎn huā liáo luàn

⑪ "名校情节"为何在一些学生家长的心目中如此（**根深蒂固**）？
　　　　　　　　　　　　　　　　　　　gēn shēn dì gù

⑫ 中国银行业的利润在全球（**名列前茅**）。
　　　　　　　　　　míng liè qián máo

⑬ 新的生活竟使他们的爱情（**枯木逢春**）。
　　　　　　　　　　kū mù féng chūn

ドリル・問題

4 日本語の意味に当たる成語を完成させ，声に出して読んでみましょう。

① 口先だけのうまい話。　　　　　　　　　　□言□□
② 理想郷。ユートピア。　　　　　　　　　　□□□源
③ 疑心暗鬼。　　　　　　　　　　　　　　　草□□□
④ あてこする。　　　　　　　　　　　　　　□桑□□
⑤ はでに着飾った様子。　　　　　　　　　　花□□□
⑥ 人格者は何も言わなくても人が慕って来る。　□□□言，□□□蹊
⑦ 幼なじみ。　　　　　　　　　　　　　　　□□竹□
⑧ 破竹の勢い。　　　　　　　　　　　　　　□如□□
⑨ 複雑でめまいがする。　　　　　　　　　　眼□□□
⑩ いずれ故郷に帰る。　　　　　　　　　　　□□□根
⑪ 雨後のたけのこ。　　　　　　　　　　　　□后□□
⑫ すらすら暗記する。　　　　　　　　　　　□瓜□□
⑬ こてんぱんにやられる。　　　　　　　　　□花□□
⑭ 各地に弟子がいる。　　　　　　　　　　　桃□□下
⑮ 根深い。　　　　　　　　　　　　　　　　□深□□
⑯ トップクラス。　　　　　　　　　　　　　名□□□
⑰ 人からもらった物で義理を果たす。　　　　□花□□
⑱ めったにない事。　　　　　　　　　　　　□□□花
⑲ 成功の見込みがある。　　　　　　　　　　□有□□
⑳ 勢いが激しい。　　　　　　　　　　　　　如□□□
㉑ うわべだけざっと見る。　　　　　　　　　□□□花
㉒ 有名になるとあれこれ言われやすい。　　　樹□□□
㉓ 疑われやすい行為。　　　　　　　　　　　□田□□
㉔ 切れているようで切れていない男女の仲。　藕□□□
㉕ こう着状態に転機が訪れる。　　　　　　　□□□明
㉖ 絶世の美女。　　　　　　　　　　　　　　□月□□
㉗ 衰えたものがよみがえる。　　　　　　　　□木□□
㉘ 他人どうしが巡り会う。　　　　　　　　　□水□□

解　答

4

① 花言巧语　huā yán qiǎo yǔ
② 世外桃源　shì wài táo yuán
③ 草木皆兵　cǎo mù jiē bīng
④ 指桑骂槐　zhǐ sāng mà huái
⑤ 花枝招展　huā zhī zhāo zhǎn
⑥ 桃李不言，下自成蹊　táo lǐ bù yán, xià zì chéng xī
⑦ 青梅竹马　qīng méi zhú mǎ
⑧ 势如破竹　shì rú pò zhú
⑨ 眼花缭乱　yǎn huā liáo luàn
⑩ 叶落归根　yè luò guī gēn
⑪ 雨后春笋　yǔ hòu chūn sǔn
⑫ 滚瓜烂熟　gǔn guā làn shú
⑬ 落花流水　luò huā liú shuǐ
⑭ 桃李满天下　táo lǐ mǎn tiān xià
⑮ 根深蒂固　gēn shēn dì gù
⑯ 名列前茅　míng liè qián máo
⑰ 借花献佛　jiè huā xiàn fó
⑱ 铁树开花　tiě shù kāi huā
⑲ 胸有成竹　xiōng yǒu chéng zhú
⑳ 如火如荼　rú huǒ rú tú
㉑ 走马看花　zǒu mǎ kàn huā
㉒ 树大招风　shù dà zhāo fēng
㉓ 瓜田李下　guā tián lǐ xià
㉔ 藕断丝连　ǒu duàn sī lián
㉕ 柳暗花明　liǔ àn huā míng
㉖ 闭月羞花　bì yuè xiū huā
㉗ 枯木逢春　kū mù féng chūn
㉘ 萍水相逢　píng shuǐ xiāng féng

終わったら，またカルタのページへ！

植物

第3章
動物の成語

　成語にはたくさんの動物が出てきて活躍します。ネズミや牛，トラ，竜，蛇など十二支に出てくる日本でもおなじみの動物たち以外にも，ロバやオオカミ、また狼（どうもう）というなぞの動物も登場し，それら動物たちには様々なイメージが与えられています。例えばトラは獰猛ですが百獣の王として敬意の対象でもあります。"如虎添翼"は強者がますます強くなった様子を表しています。馬は昔から中国人の傍らにいたのでしょう，"老马识途"（老馬は道を知っている）は馬を例えに人生を語り，"车水马龙"では馬が交通手段として竜のように行き交うさまを伝えます。犬のイメージは中国では非常に悪く，"丧家之犬"は落ちぶれたみじめな人を意味します。
　こうした動物のイメージも楽しみながら覚えてください。

鼠目寸光	对牛弹琴	风马牛不相及	牛头不对马嘴
九牛二虎之力	如虎添翼	狼吞虎咽	守株待兔
来龙去脉	叶公好龙	杯弓蛇影	打草惊蛇
车水马龙	单枪匹马	老马识途	快马加鞭
蛛丝马迹	顺手牵羊	心猿意马	鸡飞蛋打
鹤立鸡群	鸡毛蒜皮	鸡犬不宁	丧家之犬
人怕出名猪怕壮	狼狈不堪	鸦雀无声	螳臂当车

　動物の成語カルタは以上28個の中から順不同で現れます。絵と絵の上部に書かれた成語の一部を頼りに当ててください。分かったら，まず声に出してみましょう。次に紙に書いてみてください。これが両方できたら，そのカルタはあなたのものです。
　それではスタート！

☑ 1 2 3 4 5

☐ 目 寸 ☐

☑ 1 2 3 4 5

对 ☐ 弹 ☐

☑ 1 2 3 4 5

如 ☐ 添 ☐

☑ 1 2 3 4 5

☐ 株 ☐ 兔

動物

duì niú tán qín
对牛弹琴
猫に小判。馬の耳に念仏。

用 跟他们讲道理是**对牛弹琴**。（彼らに道理を説くなんて馬の耳に念仏だ）

解 相手がどういう人物かを見ないで話す。素人に玄人向けの話をしたり，道理をわきまえない人に道理を話そうとすること。

shǔ mù cùn guāng
鼠目寸光
目先の事にとらわれ，視野が狭く見識が浅い。

用 我们人类为何变得如此**鼠目寸光**？（私たち人間はなぜこんなにも目先の事ばかりに捕らわれるようになってしまったのか）

解 視野が狭く，将来への展望や見識に欠けるさま。「ネズミ」は話し言葉では"老鼠"lǎoshǔ，"耗子"hàozi と言う。

shǒu zhū dài tù
守株待兔
棚からぼたもちを待つ。うまい目にありつこうとする。

用 零售业销售是**守株待兔**还是主动出击？（小売業の商売は棚からぼたもちを待つか，それとも積極的に打って出るかだ）

解 昔，宋の国のある農民が，ウサギが一匹自分から切り株にぶつかって死んだのに味をしめ，その後はウサギが来るのをひたすら待つようになったという故事から。

rú hǔ tiān yì
如虎添翼
鬼に金棒。

用 新出台的政策让他们公司的竞争力直线上升，可谓是**如虎添翼**。（新たに出された政策がまさに鬼に金棒となって，企業の競争力を一挙に押し上げた）

解 鬼に羽が生えたよう。力のある者に助けが加わって，より強大になったこと。"如虎生翼"とも言う。

☑1️⃣2️⃣3️⃣4️⃣5️⃣

| 来 | □ | 去 | □ |

☑1️⃣2️⃣3️⃣4️⃣5️⃣

| □ | 弓 | □ | 影 |

動物

☑1️⃣2️⃣3️⃣4️⃣5️⃣

| 快 | □ | 加 | □ |

☑1️⃣2️⃣3️⃣4️⃣5️⃣

| 順 | □ | 牽 | □ |

59

bēi gōng shé yǐng
杯弓蛇影
疑心暗鬼になって慌てふためく。

用 杭州二手楼市弄得人们**杯弓蛇影**，惊魂不定。（杭州の中古不動産市場は人々を疑心暗鬼，混乱状態に陥れた）

解 晋の時代，ある人が招かれて酒を飲んでいると杯の中に蛇が見える。そのまま飲んだが気分が悪くて病気になった。しかし実は弓が酒に映って蛇に見えただけだったという故事から。

lái lóng qù mài
来龙去脉
ものごとのいきさつや人の来歴。

用 请具体说一下关于次贷危机的**来龙去脉**！（サブプライム問題のいきさつについて具体的に話してください）

解 もとは風水を見る時の言葉。山の気脈がどこから来て，どこに向かうかという意味で使った。風水では山を"山龙"，川を"水龙"と言い，山の気脈が集まる所に家や墓地を造るのを吉とした。

shùn shǒu qiān yáng
顺手牵羊
ついでに人の物を持っていくこと。

用 如果发生孩子**顺手牵羊**的事情，怎么办？（子供が万引きをしたら，どうしたらいいだろう）

解 ついでに羊を持っていく。兵法三十六計中の第十二計。敵のすきに乗じて何かを獲得し勝利を得ること。今では万引きをする，こっそり盗むなどの意味でよく使われる。

kuài mǎ jiā biān
快马加鞭
ますます加速する。

用 这项工程已经上马了，今后我们要**快马加鞭**。（このプロジェクトはすでにスタートした。今後いっそう加速しなければならない）

解 もともと速く走る馬にむちをあて，いっそう速く走らせることから，加速することの比ゆとして使われる。

☑1️⃣2️⃣3️⃣4️⃣5️⃣

心☐意☐

☑1️⃣2️⃣3️⃣4️⃣5️⃣

☐飞☐打

☑1️⃣2️⃣3️⃣4️⃣5️⃣

丧☐之☐

☑1️⃣2️⃣3️⃣4️⃣5️⃣

人怕☐名
猪怕☐

jī fēi dàn dǎ
鸡飞蛋打
虻蜂取らず。

用 他脚踩两只船，结果是**鸡飞蛋打**。(彼は二またかけた結果, 両方とも失った)

解 鸡には逃げられ卵は割れる。どちらも失うこと。出典は『聊斎志異』。マイナスイメージの言葉。

xīn yuán yì mǎ
心猿意马
（色欲などにとらわれて）気がそぞろになる。専念できない。

用 那个人看见美女就**心猿意马**。(彼は美女を見ると落ち着かなくなる)

解 猿が飛び跳ね，馬が走り回るかのように心が落ち着かず，一つの事に集中できないこと。マイナスイメージの言葉。"意马心猿"とも言う。

rén pà chū míng zhū pà zhuàng
人怕出名猪怕壮
出るくいは打たれる。

用 "**人怕出名猪怕壮**"，"万人迷"贝克汉姆的麻烦又来了。(「有名税」という言葉もあるが,「万人のアイドル」ベッカムにまたやっかいな出来事がもちあがった)

解 人は有名になるのを恐れ，豚は太るのを恐れる。出典は『紅楼夢』。ちなみに日本の十二支に豚はいないが，中国の十二支では猪ではなく豚。

sàng jiā zhī quǎn
丧家之犬
寄る辺のない人や落ちぶれた人。

用 找工作时，我觉得自己如**丧家之犬**。(職探しをしていた時, 私は自分のことを帰る場所を失ったみじめな犬のようだと思った)

解 飼い主をなくした犬。出典は『史記』。マイナスイメージの言葉。"丧家之狗"とも言う。

☑1️⃣2️⃣3️⃣4️⃣5️⃣

☐ ☐ 不 堪

☑1️⃣2️⃣3️⃣4️⃣5️⃣

鴉 雀 ☐ ☐

動物

☑1️⃣2️⃣3️⃣4️⃣5️⃣

螳 臂 ☐ ☐

☑1️⃣2️⃣3️⃣4️⃣5️⃣

☐ 絲 ☐ 跡

yā què wú shēng
鸦雀无声
しんと静まり返っている。

用 学生们正在大声吵闹的时候，老师走了进来，教室里立马变得**鸦雀无声**。（生徒たちがわいわいがやがやおしゃべりをしていた時，先生が入ってくると教室はたちまち静まりかえった）

解 カラスの鳴き声もスズメの鳴き声も聞こえず，何の物音もしない。非常に静かなさまを言う。

láng bèi bù kān
狼狈不堪
困り果てる。落ちぶれて惨めである。

用 雨突然变大，弄得我们**狼狈不堪**。（雨が急に強くなってきて，おかげでさんざんな目に遭った）

解 "狼"は「オオカミ」，"狈"は伝説上の動物「狽(ばい)」。前足が極端に短くオオカミの体に前足を乗せて移動する。自力では行動できないことから，"狼狈"で「惨めだ」の意味になる。

zhū sī mǎ jì
蛛丝马迹
かすかな手掛かり。

用 这些**蛛丝马迹**的背后隐藏着腐败大案。（これらかすかな手掛かりの背後に大掛かりな疑獄事件が隠れている）

解 クモの巣からクモのありかを探り，ひづめの跡から馬のありかを探る。犯罪などについて使うことが多い。

táng bì dāng chē
螳臂当车
身の程知らず。

用 地方政府救楼市只是**螳臂当车**。（地方の役所が不動産市場を救おうとするなんて，身の程知らずだ）

解 カマキリが前足を立てて車を行かせまいとするさま。身の程知らずな事をして失敗することを言う。蟷螂(とうろう)の斧(おの)。出典は『荘子』。

☑1️⃣2️⃣3️⃣4️⃣5️⃣

☐牛☐虎
之力

☑1️⃣2️⃣3️⃣4️⃣5️⃣

打☐惊☐

動物

☑1️⃣2️⃣3️⃣4️⃣5️⃣

单☐匹☐

☑1️⃣2️⃣3️⃣4️⃣5️⃣

☐立☐群

dǎ cǎo jīng shé
打草惊蛇
不用意な行為で相手に感づかれる。やぶへび。

用 请一定要秘密搜寻以免**打草惊蛇**！（相手に感づかれないようにこっそり探してください）

解 草をたたいて蛇を驚かす。県知事の汚職に苦しむ民衆が中央の役人に渡そうとした告発状を，県知事が先に見てしまい震えあがったという故事から。絵は刑事たちが犯人の様子をうかがっている。

jiǔ niú èr hǔ zhī lì
九牛二虎之力
非常に大きな力。

用 他们使出了**九牛二虎之力**，也没能挽救败局。（彼らは全力を尽くしたが，敗勢を挽回することはできなかった）

解 九頭の牛と二頭のトラの力。何か大きな仕事を成し遂げることについてよく使われる。カルタの絵は犬を捕まえようとする飼い主の力が"九牛二虎之力"。

hè lì jī qún
鹤立鸡群
才能や外見などが一人だけ際立っている。

用 公司办公大楼是一座10层高的建筑物，与旁边低矮的房屋相比真是**鹤立鸡群**。（会社のビルは10階建てで，周りの低層家屋に比べて際立っている）

解 竹林の七賢の一人嵇康（けいこう）の息子，嵇紹は見た目も才能も際立っていたため，「鶏の群れの中のツルのようだ」と言われたところから。

dān qiāng pǐ mǎ
单枪匹马
人の助けを得ないで行動する。独り立ちする。

用 在现在的社会里，靠自己**单枪匹马**之力是很难做事的。（今の社会では一人で何かをするのは難しい）

解 "枪"は「槍（やり）」。もとはいくさで一人で出陣すること。"匹马单枪"とも言う。

☑1️⃣2️⃣3️⃣4️⃣5️⃣

风 □ □ 不 相 及

☑1️⃣2️⃣3️⃣4️⃣5️⃣

狼 □ 虎 □

動物

☑1️⃣2️⃣3️⃣4️⃣5️⃣

老 □ 识 □

☑1️⃣2️⃣3️⃣4️⃣5️⃣

鸡 □ 蒜 □

láng tūn hǔ yàn
狼吞虎咽
がつがつと短時間で食べる。

用 吃饭总是**狼吞虎咽**的孩子容易得肥胖症。（食事の時いつも早食いの子供は肥満症になりやすい）

解 オオカミやトラのように食事を急ぎ，丸のみするように食べるさま。

fēng mǎ niú bù xiāng jí
风马牛不相及
互いに少しも関係がない。

用 木屑、苹果、保安，这几样**风马牛不相及**的人和事怎么能编成一个故事呢？（木くず，リンゴ，警備員という互いに関連性のない人や事柄では物語は作れない）

解 "风马牛" にはいくつかの解釈があるが，一般には「さかりのついた馬と牛」。馬と牛が発情しても互いに関係がない。

jī máo suàn pí
鸡毛蒜皮
とるに足りないちっぽけな事。

用 关注民生就应该解决老百姓"**鸡毛蒜皮**"的小事。（市民の暮らしに関心を持つというなら，庶民のささいな問題から解決すべきだ）

解 鶏の羽もにんにくの皮も軽くて小さいことから。出典は老舎『四世同堂』。マイナスイメージの言葉。

lǎo mǎ shí tú
老马识途
経験者はその道に詳しい。

用 爸爸真是**老马识途**，一下子就找到了博物馆。（父はさすがに経験者で，すぐに博物館を探し当てた）

解 出典は『韓非子』。斉国の宰相管仲の一行が道に迷い周りが慌てだした時，管仲は「慌てるな，老いた馬は道を知っている」と言った。馬に任せるや果たして無事に帰ることができたという。

☑1️⃣2️⃣3️⃣4️⃣5️⃣

☐头不对
☐嘴

☑1️⃣2️⃣3️⃣4️⃣5️⃣

车水☐☐

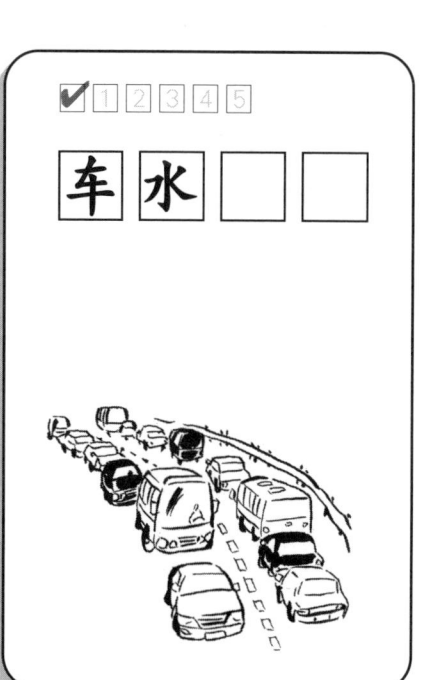

動物

☑1️⃣2️⃣3️⃣4️⃣5️⃣

☐☐不宁

☑1️⃣2️⃣3️⃣4️⃣5️⃣

叶公☐☐

69

chē shuǐ mǎ lóng
车水马龙
車の往来が盛んな様子。

用 在这条街上，各式建筑林立，道路上**车水马龙**。(この通りには様々な建物が林立し，車が激しく行き交っている)

解 車は流れる川のよう，馬は泳ぐ竜のよう。車馬の往来の激しさ，町がにぎわっているさまを言う。

niú tóu bù duì mǎ zuǐ
牛头不对马嘴
言うことがちぐはぐである。とんちんかん。

用 "消费就是爱国"论有点儿"**牛头不对马嘴**"。(「消費こそ愛国行為だ」という物言いは，ちょっとずれているだろう)

解 二つの話に何の関連性もないこと。マイナスイメージの言葉。"驴唇 lúchún 不对马嘴"とも言う。

yè gōng hào lóng
叶公好龙
見せかけだけの好物。

用 你总是说游泳对身体多么好，可是要让你游泳时你却怕得要死，真是**叶公好龙**！(いつも水泳は体にいいと言ってるのに，いざ泳ぐとなると怖がる。全く葉公龍を好むだ)

解 春秋時代の葉(しょう)の国の領主葉公は竜が好きだと公言していたが，それを聞いた竜が現れると，驚いて逃げてしまった。

jī quǎn bù níng
鸡犬不宁
ひどく騒がしい。

用 原本平静、幸福的家庭只因一条陌生的短信而闹得全家**鸡犬不宁**。(平和で幸せだった家が，1本の見知らぬメールのために家中大騒ぎになった)

解 "宁"は「安らか」。鶏や犬も安らかではない。マイナスイメージの言葉。

カルタ取得数

動物の成語，28枚中何枚取れましたか？

1回目	2回目	3回目	4回目	5回目
枚	枚	枚	枚	枚

　動物の成語を見ていると，良いイメージの動物，悪いイメージの動物があることが分かります。では縁起のいい動物，縁起の悪い動物というのは？例えば竜や鳳凰など想像上の動物は縁起のいい動物の代表です。結婚式の招待状に新郎新婦の象徴としてよく竜と鳳凰が描かれます。麒麟（きりん）も想像上の動物ですが，やはり縁起が良く，"麒麟送子" qí lín sòng zǐ（麒麟は子宝を連れてくる）と言われます。コウモリ"蝙蝠" biānfú も，音が"変福" biàn fú（福に転じる）に似ているところから縁起のいい動物とされています。逆に縁起の悪い動物の代表はカラス。「カラスが家の前で鳴くと悪いことが起こる」などと言われて嫌われています。

　それでは次はドリルです。

立竿见影ドリル・問題

1 左側の成語と右側の意味を線で結び，声に出して読んでみましょう。

鼠目寸光・　　　　　・鬼に金棒
对牛弹琴・　　　　　・事のいきさつ
如虎添翼・　　　　　・棚からぼたもちを待つ
守株待兔・　　　　　・視野や狭く見識が浅い
来龙去脉・　　　　　・疑心暗鬼
杯弓蛇影・　　　　　・馬の耳に念仏

快马加鞭・　　　　　・出るくいは打たれる
顺手牵羊・　　　　　・蛇蜂(あぶ)取らず
心猿意马・　　　　　・寄る辺のない人
鸡飞蛋打・　　　　　・さらに加速する
丧家之犬・　　　　　・気もそぞろになる
人怕出名猪怕壮・　　・ついでに失敬する

狼狈不堪・　　　　　・身の程知らず
鸦雀无声・　　　　　・さんざんの体たらく
螳臂当车・　　　　　・静まり返っている
蛛丝马迹・　　　　　・かすかな手掛かり
九牛二虎之力・　　　・やぶへび
打草惊蛇・　　　　　・大きな力

鹤立鸡群・　　　　　・言うことがちぐはぐ
牛头不对马嘴・　　　・一人際立つ
叶公好龙・　　　　　・互いに何の関係もない
鸡犬不宁・　　　　　・見せかけだけの好物
风马牛不相及・　　　・車が激しく行き交う
车水马龙・　　　　　・ひどく騒がしい

解 答

1

鼠目寸光 — 視野や狭く見識が浅い shǔ mù cùn guāng
对牛弹琴 — 馬の耳に念仏 duì niú tán qín
如虎添翼 — 鬼に金棒 rú hǔ tiān yì
守株待兔 — 棚からぼたもちを待つ shǒu zhū dài tù
来龙去脉 — 事のいきさつ lái lóng qù mài
杯弓蛇影 — 疑心暗鬼 bēi gōng shé yǐng

快马加鞭 — さらに加速する kuài mǎ jiā biān
顺手牵羊 — ついでに失敬する shùn shǒu qiān yáng
心猿意马 — 気もそぞろになる xīn yuán yì mǎ
鸡飞蛋打 — 虻蜂取らず jī fēi dàn dǎ
丧家之犬 — 寄る辺のない人 sàng jiā zhī quǎn
人怕出名猪怕壮 — 出るくいは打たれる rén pà chū míng zhū pà zhuàng

狼狈不堪 — さんざんの体たらく láng bèi bù kān
鸦雀无声 — 静まり返っている yā què wú shēng
螳臂当车 — 身の程知らず táng bì dāng chē
蛛丝马迹 — かすかな手掛かり zhū sī mǎ jì
九牛二虎之力 — 大きな力 jiǔ niú èr hǔ zhī lì
打草惊蛇 — やぶへび dǎ cǎo jīng shé

鹤立鸡群 — 一人際立つ hè lì jī qún
牛头不对马嘴 — 言うことがちぐはぐ niú tóu bù duì mǎ zuǐ
叶公好龙 — 見せかけだけの好物 yè gōng hào lóng
鸡犬不宁 — ひどく騒がしい jī quǎn bù níng
风马牛不相及 — 互いに何の関係もない fēng mǎ niú bù xiāng jí
车水马龙 — 車が激しく行き交う chē shuǐ mǎ lóng

動物

ドリル・問題

2 □に入る漢字を下から選んで入れて，成語の意味を言ってみましょう。

（鼠　牛　虎　兔　龙　蛇　马　羊　猿
　　鸡　犬　猪　鸦　雀　螳　狼　蛛　鹤）

□目寸光　　　对□弹琴　　　风□牛不相及　　　鸦□无声

九□二□之力　□臂当车　　　□吞□咽　　　　守株待□

来□去脉　　　□头不对□嘴　杯弓□影　　　　快□加鞭

叶公好□　　　□毛蒜皮　　　老□识途　　　　打草惊□

□丝马迹　　　顺手牵□　　　单枪匹□　　　　心□意马

□飞蛋打　　　□立鸡群　　　鸡□不宁　　　　车水□龙

□狈不堪　　　丧家之□　　　人怕出名□怕壮　如□添翼

3 （　）に入る成語を書き，声に出して読んでみましょう。

① 新出台的政策让他们公司的竞争力直线上升，可谓是（　　　　）。（新たに出された政策がまさに**鬼に金棒**となって，企業の競争力を一挙に押し上げた）

② 零售业销售是（　　　　）还是主动出击？（小売業の商売は**棚からぼたもちを待つか**，それとも積極的に打って出るかだ）

③ 请具体说一下关于次贷危机的（　　　　）！（サブプライム問題の**いきさつ**について具体的に話してください）

④ 如果发生孩子（　　　　）的事情，怎么办？（子供が**万引き**をしたら，どうしたらいいだろう）

⑤ 他脚踩两只船，结果是（　　　　）。（彼は二またかけた結果，**両方とも失った**）

⑥ 雨突然变大，弄得我们（　　　　）。（雨が急に強くなってきて，おかげで**さんざんな目に遭った**）

⑦ 这些（　　　　）的背后隐藏着腐败大案。（これら**かすかな手掛かり**の背後に大掛かりな疑獄事件が隠れている）

解 答

2

鼠目寸光	对牛弹琴	风马牛不相及	鸦雀无声
見識が浅い	馬の耳に念仏	互いに無関係	静まり返っている
九牛二虎之力	螳臂当车	狼吞虎咽	守株待兔
大きな力	身の程知らず	がつがつ食らう	棚ぼたを待つ
来龙去脉	牛头不对马嘴	杯弓蛇影	快马加鞭
いきさつ	言うことがちぐはぐ	疑心暗鬼	加速する
叶公好龙	鸡毛蒜皮	老马识途	打草惊蛇
建前だけの「好き」	ちっぽけな事	経験者はよく知る	やぶへび
蛛丝马迹	顺手牵羊	单枪匹马	心猿意马
かすかな手掛かり	ついでに失敬する	一人でやる	気もそぞろになる
鸡飞蛋打	鹤立鸡群	鸡犬不宁	车水马龙
虻蜂取らず	一人際立つ	ひどく騒がしい	車が激しく行き交う
狼狈不堪	丧家之犬	人怕出名猪怕壮	如虎添翼
困り果てる	寄る辺のない人	出るくいは打たれる	鬼に金棒

動物

3

① 新出台的政策让他们公司的竞争力直线上升，可谓是（**如虎添翼**）。
　　　　　　　　　　　　　　　　　　　　　　　rú hǔ tiān yì

② 零售业销售是（**守株待兔**）还是主动出击？
　　　　　　　shǒu zhū dài tù

③ 请具体说一下关于次贷危机的（**来龙去脉**）！
　　　　　　　　　　　　lái lóng qù mài

④ 如果发生孩子（**顺手牵羊**）的事情，怎么办？
　　　　　　　　shùn shǒu qiān yáng

⑤ 他脚踩两只船，结果是（**鸡飞蛋打**）。
　　　　　　　　　　　jī fēi dàn dǎ

⑥ 雨突然变大，弄得我们（**狼狈不堪**）。
　　　　　　　　　　　láng bèi bù kān

⑦ 这些（**蛛丝马迹**）的背后隐藏着腐败大案。
　　　zhū sī mǎ jì

ドリル・問題

4 日本語の意味に当たる成語を完成させ，声に出して読んでみましょう。

① ネズミのように視野が狭い。　　　□目□□
② 馬の耳に念仏。猫に小判。　　　□□□琴
③ 鬼に金棒。　　　如□□□
④ 疑心暗鬼。　　　□弓□□
⑤ ついでに失敬する。　　　順□□□
⑥ 虻蜂取らず。　　　□□□打
⑦ さんざんな目に遭う。　　　□□不□
⑧ 身の程知らず。　　　□臂□□
⑨ 大きな力。　　　九□二□□□
⑩ 一人際立つ。　　　□□□群
⑪ 言うことがちぐはぐ。　　　□头□□嘴
⑫ 見せかけだけの好物。　　　□公□□
⑬ がつがつと食べる。　　　□吞□□
⑭ 年の功。　　　老□□□
⑮ ちっぽけな事。　　　□毛□□
⑯ 互いに無関係。　　　风□□不□□
⑰ 車の洪水。　　　□水□□
⑱ ひどく騒がしい。　　　□□□宁
⑲ 棚からぼたもちを待つ。　　　□株□□
⑳ 事のいきさつ。　　　来□□□
㉑ 加速する。　　　□□□鞭
㉒ 気もそぞろ。　　　心□□□
㉓ 寄る辺のない人。　　　□家□□
㉔ 出るくいは打たれる。　　　人□□名□□□
㉕ 静まりかえっている。　　　□□□声
㉖ わずかな手掛かり。　　　□丝□□
㉗ やぶへび。　　　□草□□
㉘ 独り立ちする。　　　□枪□□

解 答

4
① 鼠目寸光　shǔ mù cùn guāng
② 对牛弹琴　duì niú tán qín
③ 如虎添翼　rú hǔ tiān yì
④ 杯弓蛇影　bēi gōng shé yǐng
⑤ 顺手牵羊　shùn shǒu qiān yáng
⑥ 鸡飞蛋打　jī fēi dàn dǎ
⑦ 狼狈不堪　láng bèi bù kān
⑧ 螳臂当车　táng bì dāng chē
⑨ 九牛二虎之力　jiǔ niú èr hǔ zhī lì
⑩ 鹤立鸡群　hè lì jī qún
⑪ 牛头不对马嘴　niú tóu bù duì mǎ zuǐ
⑫ 叶公好龙　yè gōng hào lóng
⑬ 狼吞虎咽　láng tūn hǔ yàn
⑭ 老马识途　lǎo mǎ shí tú
⑮ 鸡毛蒜皮　jī máo suàn pí
⑯ 风马牛不相及　fēng mǎ niú bù xiāng jí
⑰ 车水马龙　chē shuǐ mǎ lóng
⑱ 鸡犬不宁　jī quǎn bù níng
⑲ 守株待兔　shǒu zhū dài tù
⑳ 来龙去脉　lái lóng qù mài
㉑ 快马加鞭　kuài mǎ jiā biān
㉒ 心猿意马　xīn yuán yì mǎ
㉓ 丧家之犬　sàng jiā zhī quǎn
㉔ 人怕出名猪怕壮　rén pà chū míng zhū pà zhuàng
㉕ 鸦雀无声　yā què wú shēng
㉖ 蛛丝马迹　zhū sī mǎ jì
㉗ 打草惊蛇　dǎ cǎo jīng shé
㉘ 单枪匹马　dān qiāng pǐ mǎ

終わったら、またカルタのページへ！

動物

第4章
身体の成語

　この章では身体を使った成語を集めました。成語には目，鼻，口，手，脚など身体を表す言葉がたくさん使われています。中国語の成語がそのまま日本語としても使われる「臥薪嘗胆（がしんしょうたん）」は「胆」すなわち肝臓，「刎頸の交わり（ふんけい）」は「頚」すなわち首です。ここでは身体の部位に注目して覚えていきます。

眉飞色舞	迫在眉睫	目不识丁	目不转睛
目瞪口呆	刮目相看	一目了然	明目张胆
耳闻目睹	耳濡目染	嗤之以鼻	仰人鼻息
口若悬河	苦口婆心	守口如瓶	张口结舌
唇枪舌剑	咬牙切齿	改头换面	春风满面
人面兽心	刎颈之交	探头探脑	肺腑之言
推心置腹	手无寸铁	易如反掌	了如指掌
爱不释手	心狠手辣	措手不及	大手大脚
首屈一指	促膝谈心	提心吊胆	卧薪尝胆
有血有肉	呕心沥血	心不在焉	心甘情愿
心领神会	心直口快	终身大事	力不从心

　身体の成語カルタは以上44個の中から順不同で現れます。絵と絵の上部に書かれた成語の一部を頼りに当ててください。分かったら，まず声に出してみましょう。次に紙に書いてみてください。これが両方できたら，そのカルタはあなたのものです。
　それではスタート！

☑1 2 3 4 5

□ 飞 □ 舞

☑1 2 3 4 5

□ 不 识 □

☑1 2 3 4 5

嗤 □ 以 □

☑1 2 3 4 5

力 □ 从 □

身体

mù bù shí dīng
目不识丁
まったく文字を知らない。目に一丁字もない。

用 从一个**目不识丁**的小木匠，一跃成为名震中国的文具连锁大王。(まったく字の読めない一大工が一躍中国中にその名をとどろかす文具チェーンの社長になった)

解「丁の字も知らない」が文字を知らない意味になったのには，"个"を書き間違えたという説も。絵は比ゆ的に使われている。

méi fēi sè wǔ
眉飞色舞
小躍りして喜ぶ。

用 看着他**眉飞色舞**、得意洋洋的样子，我真是心灰意冷。(彼のさも得意そうな喜びに舞い上がる様子を見ていると，本当に気分が落ち込む)

解 "色"は「表情」。出典は清代の小説『官場現形記』。一般にマイナスイメージの言葉として使われる。

lì bù cóng xīn
力不从心
やりたいが実力が伴わない。

用 我很想照顾父母，但是**力不从心**。(親の面倒を見たいが，思うようにならない)

解 出典は『後漢書・班超伝』。似た意味の成語に"心有余而力不足"(そうしたいのはやまやまだが力が伴わない) がある。

chī zhī yǐ bí
嗤之以鼻
鼻であしらう。軽べつするさま。

用 他**嗤之以鼻**地冷笑了一声，"爱？你爱的是我的人，还是我身后的财力？"(彼はせせら笑った。「愛してる？君が愛しているのは僕という人間かい？それとも僕の後ろにある財力？」)

解 "嗤"は「あざける。あざ笑う」。出典は『後漢書・樊宏伝』。

☑1 ☐2 ☐3 ☐4 ☐5

唇☐舌☐

☑1 ☐2 ☐3 ☐4 ☐5

改☐換☐

☑1 ☐2 ☐3 ☐4 ☐5

刎☐之☐

☑1 ☐2 ☐3 ☐4 ☐5

☐濡☐染

身体

gǎi tóu huàn miàn
改头换面

うわべや形式だけを変えて，中身は前と同じであること。

用 他们把过期药品**改头换面**，然后销售到农村。（彼らは期限切れの薬を見た目だけ変えて農村で売っている）

解 もとは人の容ぼうが変わることを言ったもの。多くマイナスイメージの言葉として使われる。

chún qiāng shé jiàn
唇枪舌剑

激しい論争。

用 在他就读的美国大学里，课堂上"**唇枪舌剑**"是司空见惯的。（彼が学んだアメリカの大学では，教室内の激しい論争はごく普通のことだった）

解 "枪"は「槍」，"剑"は「刀」。槍や刀で切り合うような激しい論争。

ěr rú mù rǎn
耳濡目染

見たり聞いたりするうち，いつの間にか影響を受けること。

用 近年来，我家的亲戚朋友中有不少人都在炒股，**耳濡目染**中，我的孩子在这方面也懂得了相当多的知识。（ここ数年，親族友人など皆が株をやっているので，いつの間にか子供もこうした方面の知識に詳しくなった）

解 "濡"は「ぬれる。染みる」。"耳濡"で「しょっちゅう聞いている」。

wěn jǐng zhī jiāo
刎颈之交

刎頸(ふんけい)の交わり。生死を共にするような友情。

用 古人那种**刎颈之交**的真诚友谊已很难再见到。（昔の人たちのあの刎頸の交わりと呼べるような真の友情は，もはや見つけるのは難しい）

解 "刎"は「刀で首を切る」，"颈"は「首」。出典は『史記・廉藺相如列伝』。趙国の藺相如(りんしょうじょ)と廉頗(れんぱ)の友情にちなむ。

☑12345
□若悬□

☑12345
促□谈□

☑12345
□血□肉

☑12345
□不□焉

cù xī tán xīn
促膝谈心
膝(ひざ)を交えて話す。心の内を話す。

用 党委主要领导走进基层与村干部**促膝谈心**，鼓励他们正视困难。（党委の主要トップが現場に来て村の幹部と膝を交えて話し合い，困難を直視するよう励ました）

解 "促膝"は「膝と膝が触れる」。非常に近い所に座っていること。

kǒu ruò xuán hé
口若悬河
立て板に水。よどみなくしゃべる。雄弁。

用 谈起经济问题，他**口若悬河**、条理分明，真是一个不可多得的人才。（経済問題を語らせたら，彼は話はよどみないし，筋は通っているし，実に得がたい人材だ）

解 "悬河"は「滝」。日本語の「立て板に水」にはマイナスイメージもあるが，"口若悬河"は基本的にプラスイメージ。

xīn bù zài yān
心不在焉
心ここにあらず。上の空。

用 我常常给孩子讲做人的道理，可是孩子总是**心不在焉**。（私はいつも子供にどう生きていくべきか話して聞かせているが，彼はいつもぼーっとしていて上の空だ）

解 "焉"は書き言葉で「ここに」という意味。出典は前漢の戴聖『礼記(らいき)・大学』。

yǒu xuè yǒu ròu
有血有肉
生き生きとしている。文学作品の描写などが真に迫っている。

用 他在电影《赤壁》里演的诸葛亮真是**有血有肉**。（彼が映画『赤壁』の中で演じた諸葛孔明は真に迫っていた）

解 "血"は単独では xiě と読むが，熟語では xuè と読む。プラスイメージの言葉。

☑1️⃣2️⃣3️⃣4️⃣5️⃣

| 迫 | 在 | | |

☑1️⃣2️⃣3️⃣4️⃣5️⃣

| | 心 | | 胆 |

☑1️⃣2️⃣3️⃣4️⃣5️⃣

| 苦 | 口 | | |

☑1️⃣2️⃣3️⃣4️⃣5️⃣

| | | 满 | 面 |

身体

tí xīn diào dǎn
提心吊胆
びくびくしている。

用 上数学课的时候，我总是**提心吊胆**的，怕老师叫我的名字，因为我不会。（数学の授業中、先生の指されるんじゃないかとびくびくしていた。だってできないから）

解 "提"は「手に提げる」、"吊"は「つるす」。出典は『西遊記』。絵では見ている観客がハラハラしている。

pò zài méi jié
迫在眉睫
眼前に迫っている。情勢が緊迫している。焦眉(しょうび)の急。

用 发展节能汽车和新能源汽车的战略**迫在眉睫**。（省エネカーと新エネルギーカーの開発戦略は焦眉の急だ）

解 "眉睫"は「眉毛とまつげ」。目の前のことを言う。出典は郭沫若(かくまつじゃく)『中国史稿』。郭沫若は日本とも関係の深い中国近代の文学者。

chūn fēng mǎn niàn
春风满面
喜びにあふれた表情。

用 当问到有关婚姻生活问题时，他**春风满面**地说："现在生活很开心。"（結婚に関する質問に対して、彼は満面笑みを浮かべ、「今の生活は幸せだ」と言った）

解 "春风"は「笑顔」のこと。プラスイメージの言葉。"满面春风"とも言う。

kǔ kǒu pó xīn
苦口婆心
親切心から何度も忠告する。

用 高中时，我们班主任老师经常**苦口婆心**地教导我们。（高校の時、クラス担任の先生はいつも僕たちにあれこれ注意しては指導してくれた）

解 "苦口"は「何度も忠告する」、"婆心"は「慈愛深い心」。プラスイメージの言葉。

☑1 2 3 4 5

探□探□

☑1 2 3 4 5

□心□腹

☑1 2 3 4 5

易如□□

☑1 2 3 4 5

□人□息

身体

tuī xīn zhì fù
推心置腹
腹を割って真心で人に接する。

用 如果你发现自己的孩子有秘密瞒着你时，推荐你好好地和他来一次**推心置腹**的谈话。(子供が秘密を抱えて親にうそをついているのに気づいた時は，子供と腹を割った率直な話をするといい)
解 自分の心を人の腹の中に置く。出典は『後漢書・光武帝本紀』。

tàn tóu tàn nǎo
探头探脑
頭を突き出しキョロキョロうかがう。こっそり中をのぞく。

用 他们围在门口**探头探脑**、窃窃私语却没有人敢进来。(彼らは入り口を囲んでのぞき込んだりひそひそ話をしたりするが，しかしだれも入ってこようとはしない)
解 出典は『朱子語類』。マイナスイメージの言葉。

yǎng rén bí xī
仰人鼻息
人の鼻息をうかがう。

用 今天的俄罗斯已经不会像以前那样为了西方的几百亿美元贷款而**仰人鼻息**。(今日のロシアは以前のように，西側から数百億ドル借りるために顔色をうかがうようなことはしない)
解 出典は『後漢書』。マイナスイメージの言葉。

yì rú fǎn zhǎng
易如反掌
ものごとが非常に容易なこと。

用 对制假者来说，仿造公园门票，**易如反掌**。(偽札作りにとって，公園の入場券の偽造などお茶の子さいさいだ)
解 手の平を返すように簡単。"如来佛捉孙悟空"の後ろにこの成語を続けて"歇后语"(しゃれ言葉)としても用いられる。「仏様が孫悟空を捕まえる—お安い御用だ」。

☑①②③④⑤
□ 不 转 □

☑①②③④⑤
守 □ 如 □

☑①②③④⑤
了 如 □ □

☑①②③④⑤
□ 甘 □ 愿

身体

shǒu kǒu rú píng
守口如瓶
口が堅い。秘密をしゃべらないこと。

用 她对此一直**守口如瓶**，因为有关领导曾叮嘱过此事不能跟任何人透露。(彼女はずっとこの秘密を守った。上司がだれにもこの事を漏らすなと言ったからだ)

解 昔の瓶(びん)は中身を少しずつ注げるよう口のところがたいへん小さく作られていたので，人間の口に例えたと言われる。

mù bù zhǎn jīng
目不转睛
まばたきもせずじっと見つめる。集中しているさま。

用 小孩子好奇地**目不转睛**地盯着他。(子供は興味津々な様子で彼をじっと見つめている)

解 "睛"は「ひとみ」，"转"は「位置を変える。動かす」。

xīn gān qíng yuàn
心甘情愿
心から願う。喜んでそうしたい。

用 为了这个如宫殿般的豪华宅子，我是**心甘情愿**当房奴的。(こんな宮殿みたいな豪邸のためなら，喜んで"房奴"〔ローン返済にあえぎ続ける人〕になるよ)

解 喜んで犠牲になるという状況でよく使われる。

liǎo rú zhǐ zhǎng
了如指掌
非常に事情に明るい。

用 她经常逛商店看漂亮衣服，爱看电视里的时装表演，对服装流行趋势**了如指掌**。(彼女は街を歩き回ってはきれいな服を見，ファッションショー番組も見逃さないから，流行のファッションには実に明るい)

解 それを手の平に載せて人に見せることができるくらい，その事情に明るいということ。

☑1 2 3 4 5
□瞪□呆

☑1 2 3 4 5
人□兽□

☑1 2 3 4 5
爱不□□

☑1 2 3 4 5
卧□尝□

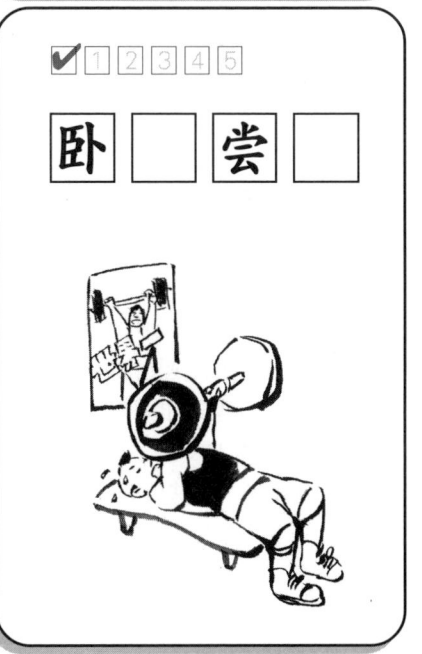

身体

rén miàn shòu xīn
人面兽心
人間の皮をかぶったけだもの。残酷で卑劣なさま。

用 这真是一个**人面兽心**的家伙！（こいつは本当に人間の皮をかぶったけだものだ）

解 出典は『漢書・匈奴伝賛(きょうどでんさん)』。マイナスイメージの言葉。

mù dèng kǒu dāi
目瞪口呆
あっけにとられる。ぼう然とする。

用 如果你初次接触到这部作品，肯定会**目瞪口呆**的。（初めてこれらの作品に接したら、あなたはきっとぼう然とするだろう）

解 驚きのあまり目を大きく見開き、口をあんぐりと開けている。

wò xīn cháng dǎn
卧薪尝胆
苦しい思いをしてあだ討ちの決意を保つ。臥薪(がしん)嘗胆(しょうたん)。

用 中国足球队需要的是**卧薪尝胆**的精神！（中国サッカーチームに必要なのは臥薪嘗胆の精神だ）

解 出典は『史記・越王勾践世家』。春秋時代，越王勾践(こうせん)は呉王夫差の捕虜となり屈辱の扱いを受ける。帰国後，勾践は薪(まき)を寝床とし苦い肝(きも)をなめては復しゅうを誓った。

ài bù shì shǒu
爱不释手
好きで手放せない。

用 如今满大街的装饰品商店里，让你**爱不释手**的漂亮玩意儿太多了。（最近至る所にある装飾品の店には，いったん手にしたら手放せないすてきな商品がとても多い）

解 "释"は「手放す」。物について使い，人については使えない。

☑1 2 3 4 5

刮□□看

☑1 2 3 4 5

张□结□

☑1 2 3 4 5

□狠□辣

☑1 2 3 4 5

终□大□

身体

zhāng kǒu jié shé
张口结舌
理に詰まったり緊張して言葉が出ない。

用 他张口结舌，不知还说些什么好。最后由他的上级出面平息了这场冲突。（彼は言葉に詰まり，どう言っていいか分からなかった。しまいに彼の上司が出てきてその場を収めた）

解 "张口"は「口を開ける」，"结舌"は「舌がもつれる」。

guā mù xiāng kàn
刮目相看
期待の目で見られる。刮目(かつもく)される。一目置かれる。

用 每个人都希望被人重视，每个人都期待出类拔萃，每个人都渴望能令人刮目相看。（だれでも人に重んじられ，人より優れ，人に一目置かれることを願っている）

解 出典は『三国志・呉志・呂蒙(りょもう)伝』"士別三日，即更刮目相待"（三日たてば人は変化する。同じ目で見ていてはいけない）

zhōng shēn dà shì
终身大事
一生の大事。多くは結婚を指す。

用 她年近三十，不禁为自己的终身大事心急起来。（30歳に近づき，彼女は結婚問題に焦りを感じている）

解 "终身"は「一生」。同じ意味の言葉に"终生"があるが，"终生大事"とは言わない。

xīn hěn shǒu là
心狠手辣
冷酷で手段が悪らつ。

用 她是一个反复无常、心狠手辣的女人，同监室的在押人员都怕她。（彼女は気分がころころ変わる残酷な女で，同室の囚人たちも皆彼女を怖がっている）

解 出典は明の馮夢龍(ふうむりゅう)『醒世恒言』。

☑1️⃣2️⃣3️⃣4️⃣5️⃣

| | |了|然|

☑1️⃣2️⃣3️⃣4️⃣5️⃣

|咬| |切| |

身体

☑1️⃣2️⃣3️⃣4️⃣5️⃣

|措| |不| |

☑1️⃣2️⃣3️⃣4️⃣5️⃣

| |领| |会|

yǎo yá qiè chǐ
咬牙切齿
歯ぎしりして悔しがる。切歯扼腕(せっしやくわん)。恨み骨髄。

用 股价跌了，男人不吱声，女人则**咬牙切齿**、当众飞泪喊冤。（株価が下がると男は何も言わないが，女は歯がみして人前で涙を流し大声で悔しがる）

解 "齿"は「歯」の意味だが，話し言葉では"牙"または"牙齿"と言う。

yī mù liǎo rán
一目了然
一目瞭然(いちもくりょうぜん)。見るとすぐ分かる。

用 城市里立起了"地铁倒计时"牌子，工程进展**一目了然**。（町に「地下鉄カウントダウン」看板が立てられ，工事の進展が一目瞭然だ）

解 "了然"は「はっきりする」。出典は『朱子語類』。

xīn lǐng shén huì
心领神会
相手が何も言わないうちに理解する。

用 他只要看我一眼，即使我没说话，仿佛他都能**心领神会**，真的很神奇。（彼は一目私を見ると，私が何も言わなくても，私の本当の気持ちが分かってしまうようだった。不思議としか言いようがない）

解 "领""会"はいずれも「理解する」，"神"は「精神」。

cuò shǒu bù jí
措手不及
処置するいとまがない。

用 由于车速过快加之路面湿滑，司机**措手不及**，致使车辆失控侧翻在高速路上。（スピードを出しすぎていたうえ路面も滑るので，ドライバーは間に合わず，車両はバランスを崩して高速に横倒しになった）

解 "措手"は「処置する。手をつける」。

☑1 2 3 4 5

明□张□

☑1 2 3 4 5

大□大□

身体

☑1 2 3 4 5

呕□沥□

☑1 2 3 4 5

首□□指

dà shǒu dà jiǎo
大手大脚
金遣いが荒い。

用 我们儿童时代，国家经济不很发达，吃饭也成问题，想**大手大脚**也不行。(我々が子供の頃は国の経済もあまり発展していなかったから，食べるのも大変で，ぜいたくをしたくてもできなかった)

解 もとは手足が大きいことを意味した。出典は『紅楼夢』。

míng mù zhāng dǎn
明目张胆
おおっぴらに悪事を働く。

用 墙上**明目张胆**地贴着卖手枪的广告，并留有手机号码。(壁に白昼堂々ピストル販売の広告を貼り，携帯番号まで書いてある)

解 "明目"は「目を見開く」，"张胆"は「胆をさらす」。もとは言葉や行動に胆力や識見があることを意味したが，今はマイナスイメージの言葉として使われる。

shǒu qū yī zhǐ
首屈一指
一番。トップ。

用 这个大学在微生物领域的研究上全国**首屈一指**。(この大学の微生物研究は全国一だ)

解 "首"は「最初」。指を折って計算する時，1番目の指である親指を最初に折る。そこからトップ，あるいは最も良いものを意味するようになった。

ǒu xīn lì xuè
呕心沥血
心血を注ぐ。

用 我热爱我的工作，愿意为它**呕心沥血**。(私は自分の仕事をとても愛している。仕事のためには喜んで心血を注ぎたい)

解 "呕"は「吐く」，"沥"は「滴る」。多く教育や創作，仕事などに用いられる。プラスイメージの言葉。

☑1 2 3 4 5

☐ 闻 ☐ 睹

☑1 2 3 4 5

☐ 直 ☐ 快

☑1 2 3 4 5

手 无 ☐ ☐

☑1 2 3 4 5

☐ ☐ 之 言

身体

xīn zhí kǒu kuài
心直口快
ざっくばらんで，思ったままを話す。

用 东北人**心直口快**，不善外交辞令。(東北の人は思ったことをそのまま口にし，お世辞が苦手だ)

解 心の中と言葉に裏表がない。"直"は"直爽"zhíshuǎng (率直である)。

ěr wén mù dǔ
耳闻目睹
実際に見聞きする。

用 这是我们亲自采访，**耳闻目睹**的内容。(これは私たちが実際取材し見聞きした内容だ)

解 出典は『資治通鑑』。"耳闻目见""耳闻目击""目见耳闻"などとも言う。

fèi fǔ zhī yán
肺腑之言
真心からの言葉。

用 不能不令人永远铭记巴金先生这番**肺腑之言**！(巴金先生のこの心底からの叫びを永遠に心に刻まないわけにはいかない)

解 "肺腑"は「肺」，そこから「心。真心」を指す。プラスイメージの言葉。

shǒu wú cùn tiě
手无寸铁
まったく武器を持っていない。

用 他们动用军队，残酷迫害**手无寸铁**、和平示威的人民群众。(彼らは軍隊を動かして，身に寸鉄を帯びぬ，平和裏にデモをしていただけの人民大衆を残酷に迫害した)

解 "寸铁"は「小さな武器」。出典は『三国演義』。似た成語に"赤手空拳"(112頁)がある。

カルタ取得数

身体の成語，44 枚中何枚取れましたか？

1回目	2回目	3回目	4回目	5回目
枚	枚	枚	枚	枚

　身体の成語，日本語の中にもここに出てきた成語と同じような言い回しがありますね。たとえば「鼻で笑う」「開いた口がふさがらない」「膝を交えて話す」など。もとは中国語から入った言葉なのかもしれません。

　身体を使った慣用表現では，日中で異なる表現の仕方をするものもあります。例えば"洗手不干"xǐ shǒu bù gàn（手を洗って悪事と縁を切る），"笑掉牙"xiàodiào yá（歯を落とすほど笑い転げる）は，日本語にするとそれぞれ「足を洗う」「あごがはずれるほど笑う」となります。

　それでは次はドリルです。

身体

ドリル・問題

1 日本語の意味を参考に □ に入る漢字を下から選んで入れて，声に出して読んでみましょう。

（目　睛　耳　眉　睫　鼻　口　唇　舌　牙　歯　面　頸　頭
　脳　手　掌　指　脚　膝　心　肝　肺　腑　腹　胆　血　肉　身）

有□有□
描写が真に迫る

推□置□
腹を割って接する

□若懸河
立て板に水

迫在□□
焦眉の急

易如反□
非常に簡単

大□大□
金遣いが荒い

呕□沥□
心血を注ぐ

力不从□
力が伴わぬ

一□了然
一目瞭然

守□如瓶
口が堅い

□无寸鉄
武器を持たない

□不在焉
上の空

□甘情愿
心から願う

□飞色舞
小躍りして喜ぶ

终□大事
一生の大事

明□张□
おおっぴらに悪事を働く

□闻□睹
実際に見聞きする

□不转□
じっと見つめる

了如□□
事情に明るい

改□换□
うわべだけ変える

□瞪□呆
あっけにとられる

□不识丁
文字を知らない

措□不及
処置する暇もない

□屈一□
トップ

□直□快
思ったまま話す

苦□婆□
親切で忠告する

促□谈□
膝を交えて語る

卧薪尝□
臥薪嘗胆

爱不释□
好きで手放せない

□领神会
言わなくても分かる

提□吊□
びくびく

刮□相看
一目置かれる

春风满□
喜びあふれる表情

张□结□
言葉に詰まる

□狠□辣
冷酷で悪らつ

□濡□染
知らぬ間に影響される

刎□之交
刎頸の交わり

人□兽□
残酷で卑劣なさま

仰人□息
鼻息をうかがう

探□探□
のぞき込む

□枪□剑
激しい論争

咬□切□
恨み骨髄

□□之言
真心からの言葉

嗤之以□
鼻であしらう

解 答

1

有血有肉 yǒu xuè yǒu ròu	推心置腹 tuī xīn zhì fù	口若悬河 kǒu ruò xuán hé	迫在眉睫 pò zài méi jié
易如反掌 yì rú fǎn zhǎng	大手大脚 dà shǒu dà jiǎo	呕心沥血 ǒu xīn lì xuè	力不从心 lì bù cóng xīn
一目了然 yī mù liǎo rán	守口如瓶 shǒu kǒu rú píng	手无寸铁 shǒu wú cùn tiě	心不在焉 xīn bù zài yān
心甘情愿 xīn gān qíng yuàn	眉飞色舞 méi fēi sè wǔ	终身大事 zhōng shēn dà shì	明目张胆 míng mù zhāng dǎn
耳闻目睹 ěr wén mù dǔ	目不转睛 mù bù zhuǎn jīng	了如指掌 liǎo rú zhǐ zhǎng	改头换面 gǎi tóu huàn miàn
目瞪口呆 mù dèng kǒu dāi	目不识丁 mù bù shí dīng	措手不及 cuò shǒu bù jí	首屈一指 shǒu qū yī zhǐ
心直口快 xīn zhí kǒu kuài	苦口婆心 kǔ kǒu pó xīn	促膝谈心 cù xī tán xīn	卧薪尝胆 wò xīn cháng dǎn
爱不释手 ài bù shì shǒu	心领神会 xīn lǐng shén huì	提心吊胆 tí xīn diào dǎn	刮目相看 guā mù xiāng kàn
春风满面 chūn fēng mǎn miàn	张口结舌 zhāng kǒu jié shé	心狠手辣 xīn hěn shǒu là	耳濡目染 ěr rú mù rǎn
刎颈之交 wěn jǐng zhī jiāo	人面兽心 rén miàn shòu xīn	仰人鼻息 yǎng rén bí xī	探头探脑 tàn tóu tàn nǎo
唇枪舌剑 chún qiāng shé jiàn	咬牙切齿 yǎo yá qiè chǐ	肺腑之言 fèi fǔ zhī yán	嗤之以鼻 chī zhī yǐ bí

身体

> ドリル・問題

2 ( )に入る成語を書き，声に出して読んでみましょう。

① 发展节能汽车和新能源汽车的战略（　　　　　）。(省エネカーと新エネルギーカーの開発戦略は**焦眉の急**だ)

② 他们围在门口（　　　　　）、窃窃私语却没有人敢进来。(彼らは入り口を囲んで**のぞき込んだり**ひそひそ話をしたりするが，しかしだれも入ってこようとはしない)

③ 党委主要领导走进基层与村干部（　　　　　）、鼓励他们正视困难。(党委の主要トップが現場に来て村の幹部と**膝を交えて話し合い**，困難を直視するよう励ました)

④ 高中时，我们班主任老师经常（　　　　　）地教导我们。(高校の時，クラス担任の先生はいつも僕たちに**あれこれ注意しては**指導してくれた)

⑤ 她对此一直（　　　　　），因为有关领导曾叮嘱过此事不能跟任何人透露。(彼女はずっとこの**秘密を守った**。上司がだれにもこの事を漏らすなと言ったからだ)

⑥ 他们动用军队，残酷迫害（　　　　　）、和平示威的人民群众。(彼らは軍隊を動かして，**身に寸鉄を帯びぬ**，平和裏にデモをしていただけの人民大衆を残酷に迫害した)

⑦ 如今满大街的装饰品商店里，让你（　　　　　）的漂亮玩意儿太多了。(最近至る所にある装飾品の店には，**いったん手にしたら手放せない**すてきな商品がとても多い)

⑧ 东北人（　　　　　），不善外交辞令。(東北の人は**思ったことをそのまま口にし**，お世辞が苦手だ)

⑨ 我常常给孩子讲做人的道理，可是孩子总是（　　　　　）。(私はいつも子供にどう生きていくべきか話して聞かせているが，彼はいつも**ぼーっとしていて上の空**だ)

⑩ 墙上（　　　　　）地贴着卖手枪的广告，并留有手机号码。(壁に**白昼堂々**ピストル販売の広告を貼り，携帯番号まで書いてある)

⑪ 这是我们亲自采访，（　　　　　）的内容。(これは私たちが実際取材し**見聞きした**内容だ)

解　答

2

① 发展节能汽车和新能源汽车的战略（**迫在眉睫**）。
　　　　　　　　　　　　　　　pò zài méi jié

② 他们围在门口（**探头探脑**）、窃窃私语却没有人敢进来。
　　　　　　　　tàn tóu tàn nǎo

③ 党委主要领导走进基层与村干部（**促膝谈心**），鼓励他们正视困难。
　　　　　　　　　　　　　　　cù xī tán xīn

④ 高中时，我们班主任老师经常（**苦口婆心**）地教导我们。
　　　　　　　　　　　　　kǔ kǒu pó xīn

⑤ 她对此一直（**守口如瓶**），因为有关领导曾叮嘱过此事不能跟任何人透露。
　　　　　shǒu kǒu rú píng

⑥ 他们动用军队残酷迫害（**手无寸铁**）、和平示威的人民群众。
　　　　　　　　　　　　shǒu wú cùn tiě

⑦ 如今满大街的装饰品商店里，让你（**爱不释手**）的漂亮玩意儿太多了。
　　　　　　　　　　　　　　ài bù shì shǒu

⑧ 东北人（**心直口快**），不善外交辞令。
　　　xīn zhí kǒu kuài

⑨ 我常常给孩子讲做人的道理，可是孩子总是（**心不在焉**）。
　　　　　　　　　　　　　　　　　xīn bù zài yān

⑩ 墙上（**明目张胆**）地贴着卖手枪的广告，并留有手机号码。
　　　míng mù zhāng dǎn

⑪ 这是我们亲自采访，（**耳闻目睹**）的内容。
　　　　　　　　ěr wén mù dǔ

身体

105

ドリル・問題

3 日本語の説明に当たる成語を完成させ，声に出して読んでみましょう。

① 指を折って計算する時，親指を最初に折る。そこからトップ，あるいは最も良いものを意味するようになった。　　　　　　　　　　　　　　　□□一指

② 春秋時代，越王勾践は呉王夫差の捕虜となり屈辱の扱いを受ける。それに耐えた勾践は，帰国を許された後，薪を寝床とし苦い肝をなめては復しゅうを誓った。　　　　　　　　　　　　　　　　　　　　　　　　　　　　　臥薪□□

③ 驚きのあまり目を大きく見開き，口をあんぐりと開けている。　　目瞪□□

④ それを手の平に載せて人に見せることができるくらい，その事情に明るいということ。　　　　　　　　　　　　　　　　　　　　　　　　　　□□指掌

⑤ もとは手足が大きいことを意味したが，後に無駄遣いを意味するようになった。　　　　　　　　　　　　　　　　　　　　　　　　　　　　　大□□脚

⑥ "如来佛捉孙悟空"の後ろに続けて"歇后语"としても用いられる。「仏様が孫悟空を捕まえる―お安い御用だ」。　　　　　　　　　　　　　　易□□掌

⑦ 『三国志・呉志・呂蒙伝』に「人は変化するものだから，以前とは異なるまなざしで見なければいけない」とある。　　　　　　　　　　　　刮目□□

⑧ "色"は「表情」で，全体で「小躍りして喜ぶ」。一般にマイナスイメージの言葉として使われる。　　　　　　　　　　　　　　　　　　　□飞色□

⑨ 「丁の字も知らない」が文字を知らない意味になったのには，"个"を書き間違えたという説がある。　　　　　　　　　　　　　　　　　　目□□丁

⑩ 似た意味の成語に"心有余而力不足"(そうしたいのはやまやまだが力が伴わない)がある。　　　　　　　　　　　　　　　　　　　　　　力□从□

⑪ "枪"は「やり」，"剑"は「刀」。やりや刀で切り合うような激しい論争。　　　　　　　　　　　　　　　　　　　　　　　　　　　　　□枪□剑

⑫ もとは人の容ぼうが変わることを言ったもの。　　　　　　　□□换面

⑬ 日本語の「立て板に水」にはマイナスイメージもあるが，この成語は基本的にプラスイメージ。　　　　　　　　　　　　　　　　　　　　　口若□□

⑭ 自分の心を人の腹の中に置くという意味から「真心で接する」。推心□□

解　答

3

① 首屈一指　shǒu qū yī zhǐ

② 卧薪尝胆　wò xīn cháng dǎn

③ 目瞪口呆　mù dèng kǒu dāi
④ 了如指掌　liǎo rú zhǐ zhǎng

⑤ 大手大脚　dà shǒu dà jiǎo

⑥ 易如反掌　yì rú fǎn zhǎng

⑦ 刮目相看　guā mù xiāng kàn

⑧ 眉飞色舞　méi fēi sè wǔ

⑨ 目不识丁　mù bù shí dīng

⑩ 力不从心　lì bù cóng xīn

⑪ 唇枪舌剑　chún qiāng shé jiàn

⑫ 改头换面　gǎi tóu huàn miàn
⑬ 口若悬河　kǒu ruò xuán hé

⑭ 推心置腹　tuī xīn zhì fù

身体

終わったら，またカルタのページへ！

第5章
色彩の成語

　成語には色を表す漢字を含んだものがあります。色を表す漢字は五行思想の背景とともに，現代とは異なる色彩意識があり，さらに様々な象徴的な意味や派生義も加わり，実に豊かな世界を持っています。

　例えば"青"は藍草から取られたため藍色に近く，かつて藍と青の区別はありませんでした。"平步青云"の"青云"は藍色の空に浮かぶ雲のことです。"白"は"白色"を意味するほか不吉さや純潔を象徴し，また"不白之冤"の"白"のように「明らかにする」という意味になったり，"白手起家"のように「空白」を意味したりします。

　この章ではこうした色に関る成語を集めました。色そのものを表す成語以外に，"绿林好汉"のように固有名詞の中に色が入っているもの，"金枝玉叶"などのように鉱物の金を使った結果，金色に輝いているであろうものも入っています。

　成語を覚えると同時に中国語の色が表す様々な意味にも思いをはせてみましょう。

面**红**耳**赤**　　**赤**手空拳　　万**紫**千**红**　　不分**青红皂白**
平步**青**云　　万古长**青**　　鼻**青**脸肿　　炉火纯**青**
绿林好汉　　人老珠**黄**　　明日**黄**花　　**黄**粱一梦
起早贪**黑**　　**白**头偕老　　**白**手起家　　不**白**之冤
金枝玉叶　　**金**屋藏娇　　**金碧**辉煌　　火树**银**花

　色彩の成語カルタは以上20個の中から順不同で現れます。絵と絵の上部に書かれた成語の一部を頼りに当ててください。分かったら，まず声に出してみましょう。次に紙に書いてみてください。これが両方できたら，そのカルタはあなたのものです。

　それではスタート！

✔1 2 3 4 5

| 面 | 红 | ☐ | ☐ |

✔1 2 3 4 5

| ☐ | ☐ | 脸 | 肿 |

✔1 2 3 4 5

| 平 | 步 | ☐ | ☐ |

✔1 2 3 4 5

| 白 | ☐ | ☐ | 老 |

色彩

bí qīng liǎn zhǒng
鼻青脸肿
顔中あざになりはれあがる。

用 他被打得**鼻青脸肿**。（彼は顔がはれあがるほど殴られた）

解 鼻は青あざができ顔ははれあがる。（殴られるなどして）顔に受けた傷のひどいさまを言う。

miàn hóng ěr chì
面红耳赤
（怒りや恥ずかしさで）顔を赤くする。耳まで真っ赤になる。

用 我听了羞愧得**面红耳赤**。（私はそれを聞くと恥ずかしくて耳まで真っ赤になった）

解 "红"はもともと赤と白を混ぜ合わせたピンク色の絹織物を意味した。その後，色彩のみを指し，唐代以降は"赤"の代わりに使われるようになった。

bái tóu xié lǎo
白头偕老
末永く添い遂げる。ともに白髪の生えるまで。

用 祝愿你们俩恩恩爱爱，**白头偕老**！（どうか末永くご夫婦仲むつまじく過ごされますように）

解 "白头"は「白髪頭。老人」，"偕"は「ともに」。夫婦が年老いるまで仲むつまじく添い遂げること。結婚式などで新郎新婦へのはなむけの言葉としてよく使われる。

píng bù qīng yún
平步青云
とんとん拍子に出世する。

用 让你能够**平步青云**的10种谈话技巧。（あなたをとんとん拍子で出世させる10の話術）

解 "平"は「平地」，"青云"は「高い空の雲」。平地から一挙に空高く駆け上がる。ひとっとびで高い地位に就くさまを例える。

☑1 2 3 4 5

□□
青□皂□

☑1 2 3 4 5

万□千□

1 2 3 4 5 ☑

□□空拳

1 2 3 4 5

炉火□□

色彩

wàn zǐ qiān hóng
万紫千红
①花が色とりどりに咲き乱れる。
②多種多様。③事業が盛ん。

用 花园里**万紫千红**，好看极了。（庭はいろいろな花が咲き乱れていて，本当に美しい）

解 万の紫，千の紅から花が咲き乱れるところから。出典は宋代朱熹の詩『春日』。プラスイメージの言葉。

bù fēn qīng hóng zào bái
不分青红皂白
有無を言わさず。委細構わず。

用 你怎么**不分青红皂白**啊？（あなたはなぜ事の是非も聞かないの）

解 "皂"は「黒」。青，赤，黒，白。"不分青红皂白"で「有無を言わさず」となる。この"青"は実際は緑色のこと。昔は青色と緑色を区別しなかった。この点は緑色の信号を「青信号」という日本と同じ。"不问青红皂白"とも言う。

lú huǒ chún qīng
炉火纯青
①学問や技術や品性が最高の域に達している。②事をさばくのに熟練している。

用 她的瘦身功夫已达到**炉火纯青**的地步。（彼女のダイエットテクニックはすでに完璧の域に達している）

解 道士が不老長寿の薬を作る際，炉の火が純青になった時うまく作れたという話から。この"青"は藍色に近い色。

chì shǒu kōng quán
赤手空拳
素手で立ち向かう。

用 武松怎么可能**赤手空拳**打死老虎呢？（武松はどうして素手で虎をやっつけることができたのか）

解 "赤"は「あらわの。はだかの」，"赤手"は「手に何も持たない」。武器を持たずに戦うこと。

☑1 2 3 4 5
万 古 □ □

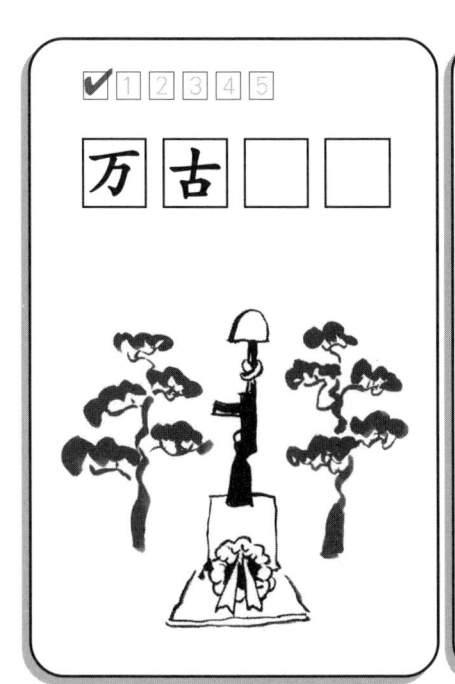

☑1 2 3 4 5
□ □ 一 梦

☑1 2 3 4 5
明 日 □ □

☑1 2 3 4 5
人 □ 珠 □

huáng liáng yī mèng
黄粱一梦
一炊(いっすい)の夢。人生のはかなさを言う。

用 巨额投资换来的却是**黄粱一梦**。(巨額の投資と引き換えに得たものは、はかない夢だった)

解 "黄粱"は「粟(あわ)」のこと。盧生(ろせい)という青年が、邯鄲(かんたん)のある宿屋で主(あるじ)がちょうど粟の飯を炊いている時、一眠りする。彼は栄華を極めた夢を見るが、目が覚めると飯はまだできていなかったという。

wàn gǔ cháng qīng
万古长青
永遠に変わらない。いつまでも栄える。

用 日中友谊**万古长青**!(日中間の友情がいつまでも続きますように)

解 千年も万年も、松柏のようにいつまでも青々としている。崇高な精神や深い友情が変わらないことを例える。絵では花輪が供えられた墓石に銃と鉄かぶとがのっている。死者は革命に身を投じた烈士。

rén lǎo zhū huáng
人老珠黄
人は老いると価値がなくなる。

用 努力不让自己**人老珠黄**。(年をとって醜くならないように努力する)

解 人が年をとるのは、真珠が時間とともに黄ばんで価値がなくなるようなものだ。多く女性が年をとって容色が衰えることをいう。

míng rì huáng huā
明日黄花
時期が過ぎて価値を失ったもの。十日の菊。

用 粮食生物燃料也许是**明日黄花**。(バイオ燃料は時代遅れになるかもしれない)

解 "明日"は重陽(ちょうよう)の節句(9月9日)の翌日、"黄花"は「菊」。昔、重陽の節句に菊の花を観賞する習慣があった。節句が過ぎた後菊を観てもおもしろみを欠くところから、見るべき時期を過ぎてしまったものなどを例える。

☑1 2 3 4 5

□ 林 □ 汉

☑1 2 3 4 5

白 手 □ □

☑1 2 3 4 5

不 □ 之 □

☑1 2 3 4 5

起 □ 贪 □

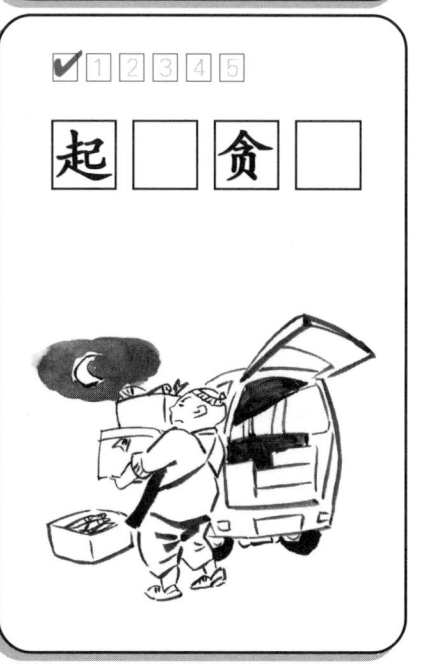

色彩

bái shǒu qǐ jiā
白手起家
裸一貫から身を起こす。

用 创业不是一件容易的事，**白手起家**更是难上加难。（創業というのは簡単なことではない。裸一貫から身を起こすとなると、もっと難しい）

解 "白"は「空白である」、"白手"は「素手」。何の条件もなく基盤もないところから事業を起こすこと。

lù lín hǎo hàn
绿林好汉
①山に立てこもってお上に抵抗する者たち。②義賊。

用 他带领他的**绿林好汉**们为保护贫苦百姓的利益与恶霸作斗争。（彼は仲間たちを引き連れ、貧しい人々の利益のために国王と戦った）

解 もとは王莽(おうもう)の立てた政権、新（8—23年）に反旗を翻し湖北省の緑山に立てこもった武装勢力のこと。出典は『児女英雄伝』。

qǐ zǎo tān hēi
起早贪黑
懸命に働く。

用 他**起早贪黑**地干活，一天也不休息。（彼は朝から晩まで働いて、一日も休まない）

解 朝早く起き、夜遅く寝る。苦労して働いているさま。出典は現代作家周立波『暴風驟雨』。"起早贪晚"とも言う。

bù bái zhī yuān
不白之冤
そそげないぬれぎぬ。

用 蒙受**不白之冤**的一位农民最后终于用事实证明了自己的清白。（ぬれぎぬをかけられた農民が、ついに事実によって身の潔白を証明することができた）

解 "白"は「明らかにする」、"冤"は「ぬれぎぬ」。晴らすことのできない、または訴えるすべのない無実の罪のこと。

☑1️⃣2️⃣3️⃣4️⃣5️⃣

□ 枝 □ 叶

☑1️⃣2️⃣3️⃣4️⃣5️⃣

□ □ 辉 煌

☑1️⃣2️⃣3️⃣4️⃣5️⃣

金 □ 藏 □

☑1️⃣2️⃣3️⃣4️⃣5️⃣

□ 树 □ 花

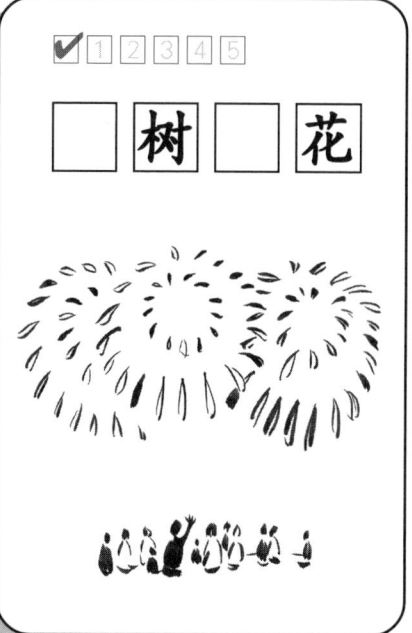

色彩

117

jīn bì huī huáng
金碧辉煌
極彩色に輝く。

用 故宫的整个建筑**金壁辉煌**，庄严绚丽，被誉为世界五大宫殿之一。（故宮の建物は極彩色に輝き荘厳で美しく、世界五大宮殿の一つと称えられている）

解 "金碧"は「金色と緑色」。建物や調度品などが豪華でまばゆいさま。

jīn zhī yù yè
金枝玉叶
高貴な家柄や皇族の出身であること。

用 一个**金枝玉叶**出身的小姐，现在却整日为家庭生计发愁。（高貴な家柄の出であるお嬢様が、今では毎日家計のことで頭を悩ませている）

解 中国の伝説上の黄帝がいる所は常に五色の雲が生じ，その形が金の枝，玉の葉のようだったという故事から。

huǒ shù yín huā
火树银花
花火や灯火が光り輝くさま。

用 云南昆明城内**火树银花**迎新春。（雲南昆明の町はまばゆい花火で新年を迎えた）

解 "火树"は「灯火を提げた木」，"银花"は「銀色の光を放つ灯火」。出典は唐代蘇味道の詩『正月十五夜』。「火樹と銀花は一つに合わさり，星の橋は鉄の鎖を開く」と元宵節の夜を歌っている。

jīn wū cáng jiāo
金屋藏娇
①美しい妻や愛人を寵愛する。
②りっぱな屋敷に愛人を囲う。

用 男人为什么都喜欢**金屋藏娇**呢？（男性はどうしてみな美女を囲いたがるのか）

解 漢の武帝は即位前，いとこの阿嬌を嫁にどうかと聞かれて喜び「嫁にできるなら金の家に住まわそう」と言ったという故事から。その後，妾を囲う意味になった。絵では"金屋"はマンションになっている。

カルタ取得数

色彩の成語、20枚中何枚取れましたか？

1回目	2回目	3回目	4回目	5回目
枚	枚	枚	枚	枚

　色彩の成語の中で日本語でもその色を同じ状況で使うものとしては、"白头偕老"→「ともに白髪(しらが)の生えるまで」、"面红耳赤"→「耳まで真っ赤にする」くらいでしょうか。あとは日中であまり重ならないようです。逆に日本語における色彩を使った表現は中国語に訳した時、同じ色彩を用いるのでしょうか。「紅一点」「白羽の矢を立てる」「目を白黒させる」は中国語ではそれぞれ"唯一的女性" wéiyī de nǚxìng、"选中" xuǎnzhòng、"翻白眼" fān báiyǎn などと訳されています。

　それでは次はドリルです。

色彩

立竿见影ドリル・問題

1　左側の成語と右側の意味を線で結び，声に出して読んでみましょう。

面红耳赤・　　　　　・顔中はれあがってあざだらけ
鼻青脸肿・　　　　　・花が色とりどりに咲き乱れる
万紫千红・　　　　　・学問や技術などが最高域
炉火纯青・　　　　　・事のいきさつ，わけ，是非
不分青红皂白・　　　・耳まで赤くなる

平步青云・　　　　　・よい時期を過ぎてしまった
万古长青・　　　　　・素手で戦う
黄粱一梦・　　　　　・人生は夢のようにはかない
明日黄花・　　　　　・永遠に変わらない
赤手空拳・　　　　　・とんとん拍子に出世する

人老珠黄・　　　　　・義賊
绿林好汉・　　　　　・そそげないぬれぎぬ
白手起家・　　　　　・末長く添い遂げる
白头偕老・　　　　　・人は老いると価値がなくなる
不白之冤・　　　　　・裸一貫から身を起こす

起早贪黑・　　　　　・りっぱな屋敷に愛人を囲う
金枝玉叶・　　　　　・極彩色に輝く
金碧辉煌・　　　　　・花火や灯火が光り輝くさま
金屋藏娇・　　　　　・懸命に働く
火树银花・　　　　　・高貴な家柄の出身

解 答

1

面红耳赤	颜中はれあがってあざだらけ bí qīng liǎn zhǒng
鼻青脸肿	色とりどり wàn zǐ qiān hóng
万紫千红	学問や技術などが最高域 lú huǒ chún qīng
炉火纯青	有無を言わさず bù fēn qīng hóng zào bái
不分青红皂白	耳まで赤くなる miàn hóng ěr chì

平步青云	よい時期を過ぎてしまった míng rì huáng huā
万古长青	素手で戦う chì shǒu kōng quán
黄粱一梦	人生は夢のようにはかない huáng liáng yī mèng
明日黄花	永遠に変わらない wàn gǔ cháng qīng
赤手空拳	とんとん拍子に出世する píng bù qīng yún

人老珠黄	義賊 lǜ lín hǎo hàn
绿林好汉	そそげないぬれぎぬ bù bái zhī yuān
白手起家	末長く添い遂げる bái tóu xié lǎo
白头偕老	人は老いると価値がなくなる rén lǎo zhū huáng
不白之冤	裸一貫から身を起こす bái shǒu qǐ jiā

起早贪黑	りっぱな屋敷に愛人を囲う jīn wū cáng jiāo
金枝玉叶	極彩色に輝く jīn bì huī huáng
金碧辉煌	花火や灯火が光り輝く huǒ shù yín huā
金屋藏娇	懸命に働く qǐ zǎo tān hēi
火树银花	高貴な家柄の出身 jīn zhī yù yè

色彩

> ドリル・問題

2 □に入る漢字を下から選んで入れて，成語の意味を言ってみましょう。
　　（赤　　紅　　紫　　青　　黄　　緑　　白　　黑　　金　　银）

面红耳□　　　炉火纯□　　　人老珠□　　　□林好汉

不分□红皂白　平步□云　　　起早贪□　　　□枝玉叶

万□千红　　　万古长□　　　□手起家　　　□碧辉煌

□手空拳　　　□梁一梦　　　□头偕老　　　□屋藏娇

鼻□脸肿　　　明日□花　　　不□之冤　　　火树□花

3 （　）に入る成語を書き，声に出して読んでみましょう。
① 我听了羞愧得（　　　　　）。(私はそれを聞くと恥ずかしくて耳まで真っ赤になった)
② 他被打得（　　　　　　）。(彼は顔がはれあがるほど殴られた)
③ 让你能够（　　　　　）的10种谈话技巧。(あなたをとんとん拍子で出世させる10の話術)
④ 祝愿你们俩恩恩爱爱，（　　　　　　）！(末永く仲むつまじく)
⑤ 花园里（　　　　　），好看极了。(庭はいろいろな花が咲き乱れていて，本当に美しい)
⑥ 武松怎么可能（　　　　　）打死老虎呢？(武松はどうして素手で虎をやっつけることができたのか)
⑦ 日中友谊（　　　　　）！(日中間の友情がいつまでも続きますように)
⑧ 粮食生物燃料也许是（　　　　　　）。(バイオ燃料は時代遅れになるかもしれない)
⑨ 创业不是一件容易的事，（　　　　　）更是难上加难。(創業というのは簡単なことではない。裸一貫から身を起こすとなると，もっと難しい)
⑩ 他（　　　　　）地干活，一天也不休息。(彼は朝から晩まで働いて，一日も休まない)

解 答

2

| 面红耳赤 | 炉火纯青 | 人老珠黄 | 绿林好汉 |
| 顔が真っ赤になる | 完成の域 | 老いて醜くなる | 義賊 |

| 不分青红皂白 | 平步青云 | 起早贪黑 | 金枝玉叶 |
| 有無を言わさず | 順調に出世する | 朝から晩まで働く | 高貴な家柄の出身 |

| 万紫千红 | 万古长青 | 白手起家 | 金碧辉煌 |
| 花が色とりどり | 永遠に変わらない | ゼロから身を起こす | 豪華絢爛 |

| 赤手空拳 | 黄粱一梦 | 白头偕老 | 金屋藏娇 |
| 徒手空拳 | はかない夢 | とも白髪 | 美女を囲う |

| 鼻青脸肿 | 明日黄花 | 不白之冤 | 火树银花 |
| 顔がはれあがる | 時期遅れ | 無実の罪 | きらきらとまばゆい |

3

① 我听了羞愧得（**面红耳赤**）。
　　　　　　　miàn hóng ěr chì
② 他被打得（**鼻青脸肿**）。
　　　　　bí qīng liǎn zhǒng
③ 让你能够（**平步青云**）的10种谈话技巧。
　　　　　píng bù qīng yún
④ 祝愿你们俩恩恩爱爱，（**白头偕老**）!
　　　　　　　　　　　bái tóu xié lǎo
⑤ 花园里（**万紫千红**），好看极了。
　　　　　wàn zǐ qiān hóng
⑥ 武松怎么可能（**赤手空拳**）打死老虎?
　　　　　　　　chì shǒu kōng quán
⑦ 日中友谊（**万古长青**）!
　　　　　wàn gǔ cháng qīng
⑧ 粮食生物燃料也许是（**明日黄花**）。
　　　　　　　　　　míng rì huáng huā
⑨ 创业不是一件容易的事，（**白手起家**）更是难上加难。
　　　　　　　　　　　bái shǒu qǐ jiā
⑩ 他（**起早贪黑**）也干活，一天也不休息。
　　　qǐ zǎo tān hēi

ドリル・問題

4 日本語の意味に当たる成語を完成させ，声に出して読んでみましょう。

① 顔を真っ赤にする。　　　　　　　　　面□□□
② 顔中はれあがり青あざだらけ。　　　　□□□肿
③ とんとん拍子に出世する。　　　　　　□歩□□
④ ともに白髪の生えるまで。　　　　　　□□□老
⑤ 有無を言わさず。　　　　　　　　　　□□青□□
⑥ 花が色とりどりに咲き乱れる。　　　　□紫□□
⑦ 徒手空拳。　　　　　　　　　　　　　赤□□□
⑧ 学問や技術が最高の境地に達している。□□纯□
⑨ とこしえに変わらない。　　　　　　　□古□□
⑩ 一炊の夢。　　　　　　　　　　　　　□□一□
⑪ 十日の菊。　　　　　　　　　　　　　□日□□
⑫ 年をとって醜くなる。　　　　　　　　□□珠□
⑬ 義賊。　　　　　　　　　　　　　　　□林□□
⑭ 裸一貫から身を起こす。　　　　　　　□□□家
⑮ そそげぬぬれぎぬ。　　　　　　　　　□□之□
⑯ 朝から晩まで働きどおし。　　　　　　□□貪
⑰ 高貴な家柄の出。　　　　　　　　　　金□□□
⑱ 極彩色に輝く。　　　　　　　　　　　□□輝□
⑲ 美女を囲う。　　　　　　　　　　　　□屋□□
⑳ 花火や灯火が輝く。　　　　　　　　　□□□花

124

解 答

4

① 面红耳赤　miàn hóng ěr chì
② 鼻青脸肿　bí qīng liǎn zhǒng
③ 平步青云　píng bù qīng yún
④ 白头偕老　bái tóu xié lǎo
⑤ 不分青红皂白　bù fēn qīng hóng zào bái
⑥ 万紫千红　wàn zǐ qiān hóng
⑦ 赤手空拳　chì shǒu kōng quán
⑧ 炉火纯青　lú huǒ chún qīng
⑨ 万古长青　wàn gǔ cháng qīng
⑩ 黄粱一梦　huáng liáng yī mèng
⑪ 明日黄花　míng rì huáng huā
⑫ 人老珠黄　rén lǎo zhū huáng
⑬ 绿林好汉　lù lín hǎo hàn
⑭ 白手起家　bái shǒu qǐ jiā
⑮ 不白之冤　bù bái zhī yuān
⑯ 起早贪黑　qǐ zǎo tān hēi
⑰ 金枝玉叶　jīn zhī yù yè
⑱ 金碧辉煌　jīn bì huī huáng
⑲ 金屋藏娇　jīn wū cáng jiāo
⑳ 火树银花　huǒ shù yín huā

色彩

終わったら，またカルタのページへ！

第6章
数字の成語

　成語には数字もたくさん登場します。「千篇一律」「百発百中」などは日本語でもよく使われますが、"六神无主"（六神に主なし）や"七窍生烟"（七つの穴から煙が出る）などはどういう意味で使われているのでしょうか。ここでは数字に注目して成語を覚えていきましょう。

一筹莫展	背水一战	一毛不拔	一鸣惊人
一盘散沙	一厢情愿	一意孤行	一知半解
举一反三	杀一儆百	功亏一篑	孤注一掷
三心二意	三脚两步	三长两短	三言两语
垂涎三尺	退避三舍	约法三章	不三不四
低三下四	四通八达	五体投地	六神无主
七窍生烟	七上八下	七手八脚	半斤八两
八面玲珑	九流三教	九死一生	百发百中
百思不解	千方百计	千篇一律	万无一失

　数字の成語カルタは以上36個の中から順不同で現れます。絵と絵の上部に書かれた成語の一部を頼りに当ててください。分かったら、まず声に出してみましょう。次に紙に書いてみてください。これが両方できたら、そのカルタはあなたのものです。
　それではスタート！

☑1️⃣2️⃣3️⃣4️⃣5️⃣

| 一 | □ | 莫 | □ |

☑1️⃣2️⃣3️⃣4️⃣5️⃣

| 背 | 水 | □ | □ |

☑1️⃣2️⃣3️⃣4️⃣5️⃣

| □ | 心 | □ | 意 |

☑1️⃣2️⃣3️⃣4️⃣5️⃣

| 千 | □ | □ | 律 |

数字

bèi shuǐ yī zhàn
背水一战
背水の陣で戦う。負けたら逃げ場がないという状態で戦う。

用 中国队在这场比赛中面临着**背水一战**的局面。(中国チームはこの試合で背水の陣状態に直面している)

解 出典は『史記・淮陰侯列伝』。淮陰侯は韓信のこと。韓信は敵と戦う際，川を背にし退路を断って戦い勝利した。

yī chóu mò zhǎn
一筹莫展
手も足も出ない。どうしようもない。

用 为什么政府调控股市容易而对房市却**一筹莫展**？(なぜ政府は株式市場はコントロールできるのに，不動産市場には手も足も出ないのか)

解 "筹"は「手立て」，"莫"は否定の意味，"展"は"施展""発揮する"。

qiān piān yī lǜ
千篇一律
千篇一律。ものごとが型にはまっている様子。

用 对这么多**千篇一律**的拜年短信，我们该不该一一回复？(こんなに多くの中身は似たり寄ったりの年賀メールに，いちいち返事を出す必要があるんだろうか)

解 千の文章が皆同じパターン。

sān xīn èr yì
三心二意
ためらう。いちずではないこと。

用 若有幸能遇到命中的那个他，就不要**三心二意**了。(もし幸運にも生涯の相手に巡り合ったなら，あれこれ迷っていてはいけない)

解 "三心"は仏教用語で"过去心""现在心""未来心"の3つを指す。"二意"は「"一意"(いちず)でない」ということ。

☑1 ②③④⑤

一毛 □ □

☑1 ②③④⑤

□ 言 □ 语

☑1 ②③④⑤

五 □ 投 □

☑1 ②③④⑤

千 □ 百 □

数字

sān yán liǎng yǔ
三言两语
ふたこと みこと
二言三言。短い言葉。

用 爱情不是**三言两语**就可以说得清的。（愛情というものは二言三言で説明できるものではない）
解 出典は関漢卿（かんかんけい）の元曲『救風塵（きゅうふうじん）』第2幕。

yī máo bù bá
一毛不拔
身勝手でけち。

用 若要让他这个**一毛不拔**的人来请客，简直比登天还难。（このケチンボにおごらせるのは，天に昇るより難しい）
解 出典は『孟子・尽心上』。自分のことしか頭にない者について，"拔一毛而利天下，不为也。"（毛一本抜けば人の役に立つのに，それをやらない）とある。

qiān fāng bǎi jì
千方百计
百方手を尽くす。あらゆる手立てを考える。

用 要坚定不移克服困难，**千方百计**减轻农民负担。（固い決意で困難を克服し，何としてでも農民の負担を軽減しなければならない）
解 出典は『朱子語類・論語十七』。

wǔ tǐ tóu dì
五体投地
感服したさま。

用 一高中生写的文章让我佩服得**五体投地**。（一高校生が書いた文章に私はすっかり感服してしまった）
解 もともと両ひじ，両ひざ，額を地につけて拝すること。五体投地（ごたいとう）。チベット族がこうする姿を映像等でよく見るが，玄奘（げんじょう）の『大唐西域記』に西域諸国の最高の拝礼と紹介されている。

一□惊□

□脚□步

百思□□

□通□达

sān jiǎo liǎng bù
三脚两步
①歩くのが速い。
②まだ遠くまで行っていない。

用 她用尽力气叫了一声，**三脚两步**便扑到他身上。(彼女は大声を出して呼ぶと，走るようにして彼の身体に飛びついた)

解 出典は清代の風刺小説『官場現形記』。

---

yī míng jīng rén
一鸣惊人
普段は目立たないのに，何かやりだすと驚くべき成果を挙げる。

用 少年跳水天才约翰他渴望在奥运**一鸣惊人**。(飛び込み天才少年ジョンは五輪で人を驚かせる結果を出したいと思っている)

解 出典は『史記・滑稽(こっけい)列伝』。酒色におぼれる君主に臣下が諫言(かんげん)すると，それと悟った君主が「今に見ておれ，必ず皆を驚かせる成果を挙げるから」と言ったという。

---

sì tōng bā dá
四通八达
道が四方八方に通じていて交通が至便であること。

用 昆明市今年将投入近640亿元的资金以构建**四通八达**的城市交通网。(昆明市は今年約640億元の資金を投じて充実した都市交通網を作ることにしている)

解 "火车站的轨道—四通八达"(「駅の線路」といえば，「四方八方に通じる」)と"歇后语"の後半部としても使う。

---

bǎi sī bù jiě
百思不解
いくら考えても分からない。

用 这件事扑朔离迷，令人**百思不解**。(この事は実に複雑で，何度考えてもよく分からない)

解 "百思"は「何度も繰り返し考える」，"解"は「分かる。理解する」。"百思不得其解"とも言う。

☑1️⃣2️⃣3️⃣4️⃣5️⃣

一□□沙

☑1️⃣2️⃣3️⃣4️⃣5️⃣

□长□短

☑1️⃣2️⃣3️⃣4️⃣5️⃣

六神□□

☑1️⃣2️⃣3️⃣4️⃣5️⃣

百发□□

数字

sān cháng liǎng duǎn
三长两短
もしものこと。死を意味することが多い。

用 如果你有个**三长两短**，我该怎么办？(あなたにもしものことがあったら，私はどうしたらいいの)

解 昔，棺おけを作る際，3枚の長い板と2枚の短い板で作ったことから，人の死を意味するようになったという。

yī pán sǎn shā
一盘散沙
団結できないさま。

用 最大的收获在于让全世界认识到中国不再是**一盘散沙**，而是一个拳头，就是说，整个中国社会已经高度组织起来了。(最大の収穫は，全世界に中国はもうばらばらの砂ではなく拳だ，つまり社会全体が高度に組織化されたことを知らしめたことだ)

解 孫文がかつてこの語で中国人の団結できないさまを批判した。

bǎi fā bǎi zhòng
百发百中
①百発百中。②やることが確実で必ず実現する。

用 部队平时训练均能**百发百中**的导弹，那天却频频不能命中目标。(部隊の普段の訓練では百発百中のミサイルが，その日は的に命中しないということが頻発した)

解 "中"は「当たる」という意味で使われているので4声で発音する。プラスイメージの言葉。

liù shén wú zhǔ
六神无主
心ここにあらず。

用 孩子突然发高烧，急得我**六神无主**。(子供が突然高熱を出したので，私はどうしてよいか分からないほど慌ててしまった)

解 道教では人の心，肺，肝，腎，脾，胆の各臓器には神が宿っていると考える。これらの神がいなくなるということから，慌てふためき，どうしていいか分からないさまを言う。

一厢□□

□□三尺

七□生□

万□一□

chuí xián sān chǐ
垂涎三尺
のどから手が出るほど欲しい。

用 机场免税店里的国际品牌商品让一些生活奢侈的人**垂涎三尺**。（空港免税店の国際ブラント品は、ぜいたくに暮らす人にとって垂涎の的だ）

解 3尺（1m）の長さのよだれが流れる。おいしい食べ物についても使われる。

yī xiāng qíng yuàn
一厢情愿
一方だけの希望。独りよがり。

用 政府向全民发放百元消费券，启动内需，是一发就灵还是**一厢情愿**？（政府が全国民に百元の消費券を配って内需を喚起しようというのは、効果的なことなのか、それとも一方的な期待にすぎないのか）

解 "两厢情愿"なら「双方が互いに願う」の意味になる。

wàn wú yī shī
万无一失
万に一つの失敗もない。非常に自信のある様子。

用 扎实做好各项准备工作，确保会议筹备工作**万无一失**。（各準備作業をきちんとやり、会議の準備作業に一つもミスが出ないようにする）

解 "失"は「ミス」。出典は『資治通鑑・後漢高祖天福十二年』。プラスイメージの言葉。

qī qiào shēng yān
七窍生烟
ひどく立腹すること。

用 他丢下一句"神经病！"就走了，气得我**七窍生烟**。（彼は一言「狂ってる」と吐き捨てると出ていったので、私はひどく腹が立った）

解 出典は『西遊記』。"窍"は「穴」、"七窍"は「目，耳，鼻，口」。怒りで、目，耳，鼻，口の7つの穴から火が吹き出す。

☑1 2 3 4 5

杀 ☐ 傲 ☐

☑1 2 3 4 5

退 避 ☐ ☐

☑1 2 3 4 5

☐ ☐ 八 下

☑1 2 3 4 5

☐ 流 ☐ 教

数字

tuì bì sān shè
退避三舍
譲歩して争いを避ける。

用 她对油炸食品总是**退避三舍**，而尽量选择清淡、新鲜的口味。（彼女は揚げ物は避け，できるだけさっぱりとして新鮮な味わいの食品を選ぶ）

解 "一舍"は約15km，"三舍"は古代の軍隊の3日分の行程。昔の戦（いくさ）では"三舍"つまり約45km敵から離れれば撤退を意味したことから。

shā yī jǐng bǎi
杀一儆百
一人を罰して見せしめとする。
一罰百戒（いちばつひゃっかい）。

用 对这样的公务员应当严肃处理，**杀一儆百**嘛！（こういう役人は厳しく処分すべきだ。見せしめだよ）

解 "儆"は「警告する」。一人を殺して百人に警告する。出典は『漢書』。絵はくびを言い渡された様子。テレビドラマなどで，箱に私物を入れ，すごすごと会社を去るさまがよく描かれる。

jiǔ liú sān jiào
九流三教
様々な宗派や学問の流派。
様々な職業の人。雑多な人。

用 以前的天桥，**九流三教**，什么人都有。（以前の天橋には様々な職業のいろんな人がいた）

解 "九流"は「儒家，道家，陰陽家，法家，名家，墨家，縦横家，雑家，農家」の9家を指し，"三教"は「儒教，仏教，道教」を指す。

qī shàng bā xià
七上八下
不安で心が乱れる。

用 此时我的心情就像15个吊桶打水一样**七上八下**，有苦恼、有委屈，其感觉已无法形容。（この時の私の気持ちは15のつるべで水をくむかのように心は上がったり下がったり，例えようもなく苦しく悔しかった）

解 用例中の"15个吊桶打水…七上八下"は"歇后语"。セットにして使うことが多い。

☑1 2 3 4 5

□ 意 □ 行

☑1 2 3 4 5

□ 法 三 □

☑1 2 3 4 5

七 手 □ □

☑1 2 3 4 5

□ □ 一 生

数字

yuē fǎ sān zhāng
约法三章
簡単な取り決めを作って守る。

用 为了让爱情长久保鲜，这对夫妻还特意**约法三章**，互相提醒要"时刻以家庭为重"。（愛を長持ちさせるために，この夫婦は簡単な約束を作り「いつでも家庭が第一」と注意しあっている）

解 漢の高祖劉邦は，秦代の酷薄な法を「殺人は死刑，傷害・窃盗は相応の刑に」というシンプルな法に変え，人心を得たという。

yī yì gū xíng
一意孤行
独断専行。人の意見を聞かないで自分のやりたいようにやる。

用 不要**一意孤行**，要多听别人的意见，不然会脱离群众，把事情搞坏。（自分一人の意見を通そうとせず，人の意見もよく聞くべきだ。でないと大衆から遊離し，物事がうまくいかなくなる）

解 出典は『史記・酷吏(こくり)列伝』。

jiǔ sǐ yī shēng
九死一生
九死に一生を得る。

用 当天回武汉的途中遭遇车祸，让我经历了**九死一生**，现在都后怕不已。（その日武漢に戻る途中，交通事故に遭い，九死に一生を得る経験をしたが，今思い出してもぞっとする）

解 "九"は最大の数を意味する。屈原の『離騒(りそう)・注』「善と信じる事で迫害され九死に一生を得られずとも後悔せず」より。

qī shǒu bā jiǎo
七手八脚
大勢の人がよってたかって慌しく動く。

用 只听"扑通"一声，一位男性倒地，大家**七手八脚**地把他拖出了桑拿屋。（「バタン」という音がしたと思うと，一人の男性が床に倒れている。みんなでバタバタと彼をサウナ室から運び出した）

解 "七""八"が入っている成語は，数の多さやばらばらなさまを言うものが多い。

✔ 1 2 3 4 5
一□半□

✔ 1 2 3 4 5
不□不□

✔ 1 2 3 4 5
八面□□

✔ 1 2 3 4 5
孤□□掷

数字

bù sān bù sì
不三不四
ろくでもない。変てこである。

用 我孩子经常跟一些**不三不四**的人玩，我很恼火，该怎么办呢？（子供がいつもろくでもない者たちと遊んでいるので腹が立つ。どうしたらいいだろう）

解 昔，中国では天を一，地を二とし，一＋二の三は全体を表した。四もまた，多く一そろいを意味する。こうして"不三不四"はろくでなしの意味になったという。

yī zhī bàn jiě
一知半解
生半可な知識。

用 联合国调查显示：多数人对科学知识**一知半解**。（国連の調査によると，多くの人の科学に関する知識はいいかげんなものだという）

解 事柄の一部について知っているだけで，そのほかは分からないということ。

gū zhù yī zhì
孤注一掷
一か八かの賭けに出る。

用 她几乎把所有积蓄全部投入了股市，真是**孤注一掷**。（彼女は貯蓄のほとんどすべてを株に投じた。一か八かの賭けに出たということだ）

解 危急の時にすべてを投じて賭けに出ること。

bā miàn líng lóng
八面玲珑
八方美人。

用 一个人可以聪明，但是不要精明；一个人可以善于交际，不要**八面玲珑**。（人は賢くあれ，だが小利口にはなるな。他人とうまく付き合え，だが八方美人にはなるな）

解 "玲珑"は「精巧にできている」。もとは部屋の四方八方に窓があり，明るいさまを意味した。

☑①②③④⑤
| □ | 亏 | □ | 篑 |

☑①②③④⑤
| □ | 一 | □ | 三 |

☑①②③④⑤
| 低 | 三 | □ | □ |

☑①②③④⑤
| □ | □ | 八 | 两 |

数字

jǔ yī fǎn sān
举一反三
一つの事から類推して多くの事を知る。

用 学会**举一反三**，你才能省时而高效，一通百通！（一つの事から類推して多くの事を知るという能力を身につければ，時間を節約して効率的にやることができ，一を聞けば百分かるようになる）

解 出典は『論語・述而(じゅつじ)』。用例中の"一通百通" yī tōng bǎi tōng も成語。

gōng kuī yī kuì
功亏一篑
長い努力が最後のちょっとしたことで全部だめになる。

用 刚刚竣工后不能马上拆除脚手架，否则也有可能令整个工程**功亏一篑**。（工事の完成直後にすぐ足場を解体してはいけない。全工事が水の泡になってしまったりするから）

解 "亏"は「足りない」，"篑"は「かごに盛った土」。築山を作る時，かご一杯の土が足りなくても工事が失敗に終わるところから。

bàn jīn bā liǎng
半斤八两
似たり寄ったり。どんぐりの背比べ。

用 他们两个真是**半斤八两**，连缺席迟到的记录也差不多。（彼ら二人は全くどっちもどっちで，遅刻や欠席の記録も似たようなものだ）

解 昔は"1斤"（500g）が"16两"だったところから。ちなみに今は"10两"。多くマイナスイメージの言葉として使われる。

dī sān xià sì
低三下四
ぺこぺことへりくだる。

用 推销员最大的忌讳就是在客户面前**低三下四**，过于谦卑。（セールスマンが一番してはいけないことは，客の前でぺこぺこし過度にへりくだることだ）

解 出典は『儒林外史』。マイナスイメージの言葉。

カルタ取得数

数字の成語，36枚中何枚取れましたか？

1回目	2回目	3回目	4回目	5回目
枚	枚	枚	枚	枚

"一"から"万"までの数字を使った成語。いくつ取れましたか。

ところで，中国の人たちにはどんな数字が人気があるのでしょうか。まず8が大人気なのは，2008年8月8日8時に北京オリンピックが開催されたことで広く知れ渡りました。また2009年9月9日には結婚式ブームが起こりましたが，これは9が3つ並ぶことで"九九九"と"久久久"を掛け，"爱你久久久"（あなたを永遠に愛する）というわけで，この日が結婚式に最もふさわしいからだそうです。6も"順溜"shùnliu（順調だ）の"溜"liuと音が似ているので人気があります。

それでは次はドリルです。

数字

立竿见影ドリル・問題

1 左側の成語と右側の意味を線で結び，声に出して読んでみましょう。

一毛不拔・　　　　・団結できないさま。
三心二意・　　　　・心ここにあらず。
三长两短・　　　　・ひどく腹を立てる。
一盘散沙・　　　　・もしものこと。
六神无主・　　　　・ためらう。
七窍生烟・　　　　・身勝手でけち。

九流三教・　　　　・ろくでもない。
一筹莫展・　　　　・一人を罰して見せしめにする。
八面玲珑・　　　　・さまざまな職業の。
杀一儆百・　　　　・手も足も出ない。
不三不四・　　　　・生半可な知識。
一知半解・　　　　・八方美人。

约法三章・　　　　・独りよがり。
孤注一掷・　　　　・非常に自信がある様子。
千方百计・　　　　・努力が小さなミスでだめになる。
一厢情愿・　　　　・一か八か。
万无一失・　　　　・あらゆる手を考える。
功亏一篑・　　　　・簡単な取り決めを作って守る。

垂涎三尺・　　　　・飛ぶように歩く。
百思不解・　　　　・大勢が慌しく動く。
三脚两步・　　　　・ぺこぺこへりくだる。
半斤八两・　　　　・のどから手が出るほど欲しい。
七手八脚・　　　　・いくら考えても分からない。
低三下四・　　　　・どんぐりの背比べ。

解 答

1

一毛不拔	団結できないさま yī pán sǎn shā
三心二意	心ここにあらず liù shén wú zhǔ
三长两短	ひどく腹を立てる qī qiào shēng yān
一盘散沙	もしものこと sān cháng liǎng duǎn
六神无主	ためらう sān xīn èr yì
七窍生烟	身勝手でけち yī máo bù bá

九流三教	ろくでもない bù sān bù sì
一筹莫展	一人を罰して見せしめにする shā yī jǐng bǎi
八面玲珑	さまざまな職業の jiǔ liú sān jiào
杀一儆百	手も足も出ない yī chóu mò zhǎn
不三不四	生半可な知識 yī zhī bàn jiě
一知半解	八方美人 bā miàn líng lóng

约法三章	独りよがり yī xiāng qíng yuàn
孤注一掷	非常に自信がある様子 wàn wú yī shī
千方百计	努力が小さなミスでだめになる gōng kuī yī kuì
一厢情愿	一か八か gū zhù yī zhì
万无一失	あらゆる手を考える qiān fāng bǎi jì
功亏一篑	簡単な取り決めを作って守る yuē fǎ sān zhāng

垂涎三尺	飛ぶように歩く sān jiǎo liǎng bù
百思不解	大勢が慌しく動く qī shǒu bā jiǎo
三脚两步	ぺこぺこへりくだる dī sān xià sì
半斤八两	のどから手が出るほど欲しい chuí xián sān chǐ
七手八脚	いくら考えても分からない bǎi sī bù jiě
低三下四	どんぐりの背比べ bàn jīn bā liǎng

数字

ドリル・問題

2 日本語の意味に当たる成語を完成させ，声に出して読んでみましょう。

① 二言三言（ふたことみこと）。　　　　　　　□言□语
② 背水の陣で戦う。　　　　　　　　　　　　背水□战
③ 非常に感服する。　　　　　　　　　　　　□体投地
④ 交通が発達していて便利。　　　　　　　　□通□达
⑤ 不安で心が乱れる。　　　　　　　　　　　□上□下
⑥ どんぐりの背比べ。　　　　　　　　　　　□斤□两
⑦ 目立たない人がすごい成果を挙げる。　　　鸣惊人
⑧ 九死に一生を得る。　　　　　　　　　　　□死□生
⑨ 百発百中。　　　　　　　　　　　　　　　□发□中
⑩ 独断専行（どくだんせんこう）。　　　　　□意孤行
⑪ 型にはまっている様子。　　　　　　　　　□篇□律
⑫ 一つから多くを類推する。　　　　　　　　举□反□
⑬ いくら考えても分からない。　　　　　　　□思不解
⑭ さまざまな職業の人。　　　　　　　　　　□流□教
⑮ 心ここにあらず。　　　　　　　　　　　　□神无主
⑯ 譲歩して争いを避ける。　　　　　　　　　退避□舍
⑰ ひどく腹を立てる。　　　　　　　　　　　□窍生烟
⑱ ろくでもない。　　　　　　　　　　　　　不□不□
⑲ もしものこと。　　　　　　　　　　　　　□长□短
⑳ 一人を殺して見せしめとする。　　　　　　杀□儆□
㉑ 努力が最後の小さなミスでだめになる。　　功亏□篑
㉒ 団結できない。　　　　　　　　　　　　　□盘散沙
㉓ 手も足も出ない。　　　　　　　　　　　　□筹莫展
㉔ 一か八か。　　　　　　　　　　　　　　　孤注□掷
㉕ 大勢が慌しく動く。　　　　　　　　　　　□手□脚
㉖ ためらう。　　　　　　　　　　　　　　　□心□意
㉗ 道が四方八方に通じている。　　　　　　　□通□达
㉘ 九死に一生を得る。　　　　　　　　　　　□死□生

148

解 答

2

① 三言两语　　sān yán liǎng yǔ
② 背水一战　　bèi shuǐ yī zhàn
③ 五体投地　　wǔ tǐ tóu dì
④ 四通八达　　sì tōng bā dá
⑤ 七上八下　　qī shàng bā xià
⑥ 半斤八两　　bàn jīn bā liǎng
⑦ 一鸣惊人　　yī míng jīng rén
⑧ 九死一生　　jiǔ sǐ yī shēng
⑨ 百发百中　　bǎi fā bǎi zhòng
⑩ 一意孤行　　yī yì gū xíng
⑪ 千篇一律　　qiān piān yī lǜ
⑫ 举一反三　　jǔ yī fǎn sān
⑬ 百思不解　　bǎi sī bù jiě
⑭ 九流三教　　jiǔ liú sān jiào
⑮ 六神无主　　liù shén wú zhǔ
⑯ 退避三舍　　tuì bì sān shè
⑰ 七窍生烟　　qī qiào shēng yān
⑱ 不三不四　　bù sān bù sì
⑲ 三长两短　　sān cháng liǎng duǎn
⑳ 杀一儆百　　shā yī jǐng bǎi
㉑ 功亏一篑　　gōng kuī yī kuì
㉒ 一盘散沙　　yī pán sǎn shā
㉓ 一筹莫展　　yī chóu mò zhǎn
㉔ 孤注一掷　　gū zhù yī zhì
㉕ 七手八脚　　qī shǒu bā jiǎo
㉖ 三心二意　　sān xīn èr yì
㉗ 四通八达　　sì tōng bā dá
㉘ 九死一生　　jiǔ sǐ yī shēng

数字

149

> ドリル・問題

3　中国語の意味に当たる成語を完成させ，意味を日本語に訳してみましょう。

① 气愤到了极点。　　　　　　　　　　　□□生烟
② 想尽一切办法。　　　　　　　　　　　千□□计
③ 走得很快。　　　　　　　　　　　　　□脚□步
④ 吝啬。　　　　　　　　　　　　　　　□□不拔
⑤ 不跟别人争，主动退让。　　　　　　　退□□舍
⑥ 简短的几句话。　　　　　　　　　　　□言□语
⑦ 对各种人和事都能巧妙应付。　　　　　□面□珑
⑧ 理解肤浅。　　　　　　　　　　　　　□知□解
⑨ 从一件事情类推而知道其他有关的许多事情。　举□反□
⑩ 杀掉一个人以警告其他许多人。　　　　杀□儆
⑪ 做事情只差最后一点而最后没能完成。　功亏□□
⑫ 把全部力量拿出来做最后一次冒险。　　□□一掷
⑬ 非常固执只按自己的意思行事。　　　　一意□□
⑭ 不留后路，决一死战。　　　　　　　　□□一战
⑮ 意外的灾祸或事故。特指死亡。　　　　□长□短
⑯ 只管自己单方面的意愿。　　　　　　　一厢□□
⑰ 看见别人的东西眼红。　　　　　　　　□□三尺
⑱ 人心涣散，难以团结一起。　　　　　　一盘□□
⑲ 制定简明的条约，大家都要遵守。　　　□□三章
⑳ 反复思考，还是不能理解。　　　　　　□思□解
㉑ 在人们面前显得十分卑贱。　　　　　　低□下□
㉒ 因惊慌而不知道怎么办好。　　　　　　六□□主
㉓ 一点办法都想不出来。　　　　　　　　一□□展
㉔ 各色人物和各种行业。　　　　　　　　九□□教
㉕ 彼此一样，不相上下。　　　　　　　　半斤□□
㉖ 敬佩到了极点。　　　　　　　　　　　□□投地
㉗ 不正派，不正经。　　　　　　　　　　不□□四

解 答

3

① 七窍生烟　ひどく怒る。
② 千方百计　あらゆる方法を考える。
③ 三脚两步　歩くのが速い。
④ 一毛不拔　けち。
⑤ 退避三舍　譲歩して争わない。
⑥ 三言两语　二言三言。
⑦ 八面玲珑　あらゆる人や事に対してうまく立ち回る。
⑧ 一知半解　知識が生半可である。
⑨ 举一反三　一つから類推して多くの事を知る。
⑩ 杀一儆百　一人を罰して他に警告を与える。
⑪ 功亏一篑　最後の一点で失敗して不成功に終わる。
⑫ 孤注一掷　全力で最後の賭けをする。
⑬ 一意孤行　あくまで自分の考えでやる。
⑭ 背水一战　退路を断って決戦をする。
⑮ 三长两短　意外な災難や事故，特に死を指す。
⑯ 一厢情愿　独りよがり。
⑰ 垂涎三尺　人のものを見てうらやむ。
⑱ 一盘散沙　人心がばらばらで団結できない。
⑲ 约法三章　簡単な約束を決める。
⑳ 百思不解　何度も考えてもやはり理解できない。
㉑ 低三下四　へりくだっておもねる。
㉒ 六神无主　驚きのあまりどうしてよいか分からない。
㉓ 一筹莫展　方法一つ浮かばない。
㉔ 九流三教　雑多な人や様々な職業。
㉕ 半斤八两　似たり寄ったり。
㉖ 五体投地　感服する。
㉗ 不三不四　ろくでもない。

終わったら，またカルタのページへ！

第7章
似たもの成語と反義語成語

　成語には，意味が似たものもありますし，正反対になるものもあります。例えば，"数一数二"は「指折りだ」，"凤毛麟角"は「めったにいない抜きん出た存在」という意味で，完全に重なるとは言えませんが意味が近い成語です。これに対して"遗臭万年"は「悪名を後世まで残す」，"流芳百世"は「名声を後世まで伝える」で，意味が正反対になります。こうした特徴を押さえて，二つの成語をいっしょに，あるいは対で覚えてしまいましょう。

似たもの成語
　　聚沙成塔／滴水穿石　　魑魅魍魉／牛鬼蛇神
　　数一数二／凤毛麟角　　屡见不鲜／司空见惯
　　光阴似箭／日月如梭　　脱胎换骨／洗心革面

反義語成語
　　祸不单行／双喜临门　　危如累卵／稳如泰山
　　粗枝大叶／细针密线　　理直气壮／理屈词穷
　　遗臭万年／流芳百世　　蜻蜓点水／入木三分

　この章の成語カルタは以上24個の中から，最初の4頁に似たもののペアが横に並んで一頁に2組ずつ，後の4頁に正反対になるもののペアが，横に並んで一頁に2組ずつ現れます。絵と絵の上部に書かれた成語の一部を頼りに当ててください。分かったら，まず声に出してみましょう。次に紙に書いてみてください。これが両方できたら，そのカルタはあなたのものです。
　それではスタート！

☑ 1 2 3 4 5

屡见□□

☑ 1 2 3 4 5

司空□□

☑ 1 2 3 4 5

聚□成□

☑ 1 2 3 4 5

□水□石

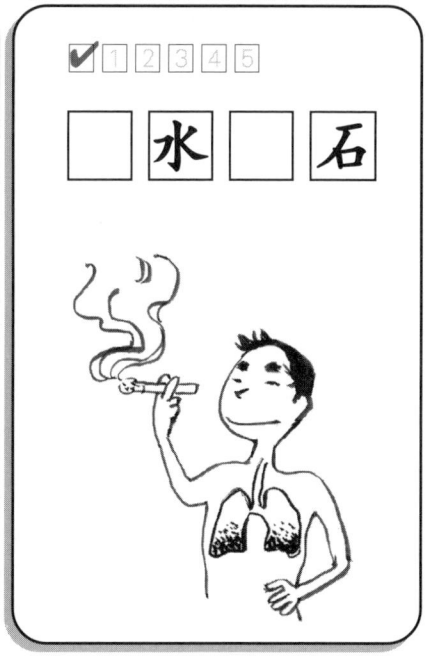

似たものと反義語

sī kōng jiàn guàn
司空见惯
見慣れてしまうと珍しくもない。

用 很多以前不敢想象的事如今已经是**司空见惯**了。（以前は想像もできなかった多くのことが今では当たり前になっている）

解 "司空"は「古代の官職名。工事責任者」。太陽が東から昇るといった当たり前のことには用いない。当たり前のことではないが見慣れてしまったことについて用いる。

lǚ jiàn bù xiān
屡见不鲜
よく目にするので珍しくもない。

用 现在经济不景气，赖帐情形**屡见不鲜**。（今は不景気で借金の踏み倒しも珍しくない）

解 "屡"は「しばしば」，"鲜"は「珍しい」。しばしば見るので珍しくない。

dī shuǐ chuān shí
滴水穿石
根気よく努力すれば，必ず事を成し遂げることができる。

用 我觉得投资如**滴水穿石**，不可以太功利。（思うに投資とは雨だれ石を穿つようなもので，功利的すぎてはいけない）

解 一滴一滴しずくが落ち続ければ，石にも穴があく。絵のように，マイナス的事柄にも使うことができる。"水滴石穿"とも言う。

jù shā chéng tǎ
聚沙成塔
ちりも積もれば山となる。

用 所谓理财重要的是通过精打细算使之**聚沙成塔**。（いわゆる財テクで大事なことは，細かくそろばんをはじいてコツコツ貯めることだ）

解 仏教から来た言葉で，もとは子供が砂で宝塔を作るうちにいつの間にか仏道に至っているという意味。プラスイメージの言葉。

☑ 1 2 3 4 5

| 数 | | 数 | |

☑ 1 2 3 4 5

| 凤 | | 麟 | |

☑ 1 2 3 4 5

| 光 | | 似 | |

☑ 1 2 3 4 5

| | | 如 | 梭 |

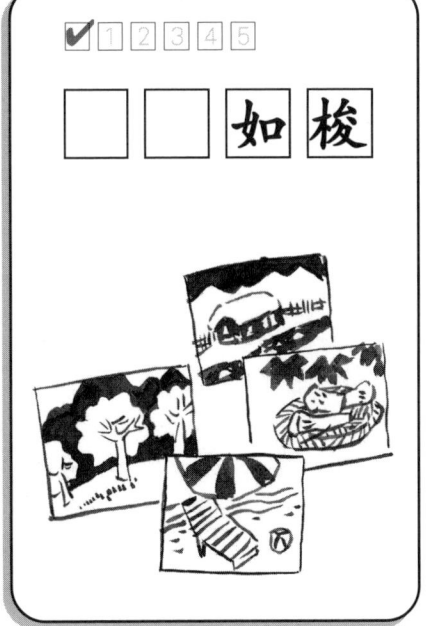

似たものと反義語

fèng máo lín jiǎo
凤毛麟角
非常に得がたい人や物。

用 在盛产精英的IT界，女性精英**凤毛麟角**，CEO职位的女性更是少之又少。(人材を輩出するIT界にあって女性のエリートはめったにいない。女性CEOとなるとさらに少ない)

解 鳳凰(ほうおう)の羽毛や麒麟(きりん)の角。鳳凰も麒麟も想像上の動物。鳳凰は鳥の王者。麒麟も縁起の良い動物。

shǔ yī shǔ èr
数一数二
1位でなければ2位。突出している。

用 中国城市住房私有率在世界上是**数一数二**的。(中国の都市における住宅私有率は世界でもトップクラスだ)

解 "数"は「数える」という動詞の意味なので3声で発音する。「数」という名詞の意味では4声。プラスイメージの言葉。

rì yuè rú suō
日月如梭
時間が速く流れていく。

用 光阴似箭，**日月如梭**，转眼一个学年已经接近尾声。(光陰矢のごとし，あっという間に一学年が終わろうとしている)

解 "梭"は「織り機の杼(ひ)」。英語ではシャトル。横糸を通すのに往復運動するので，往復型交通機関をシャトルと呼ぶが，中国語でも"穿梭"chuānsuōは「往来の頻繁なこと」を意味する。

guāng yīn sì jiàn
光阴似箭
光陰矢のごとし。

用 回天津后又看了看老照片，感慨万千，真是**光阴似箭**、今非昔比了。(天津に戻ってからまた昔の写真を眺め，感慨無量だった。まったく光陰矢のごとしだ。随分変わってしまった)

解 宋代の『京本通俗小説・菩薩蛮』に"光阴如箭，不觉又是一年"(光陰矢のごとしだ。いつの間にかまた一年が経った)とある。

☑1 2 3 4 5

☐胎☐骨

☑1 2 3 4 5

洗☐革☐

☑1 2 3 4 5

魑☐☐魍

☑1 2 3 4 5

牛☐蛇☐

似たものと反義語

xǐ xīn gé miàn
洗心革面
心を入れ替えてまともな人間になる。

用 意识到需要**洗心革面**的他参与了"要勇于对生活大声说YES"的民间组织。（根本的に自分を変える必要を感じた彼は「勇気を出して生活にイエスと言おう」という民間組織に参加した）

解 "革"は「改める」，"革面"で「容貌を変える」。

tuō tāi huàn gǔ
脱胎换骨
心を入れ替える。徹底的に立場やものの見方を変える。

用 我看到"联想"完成了一次又一次**脱胎换骨**的变化。（レノボが一回また一回と根本からの変身を遂げていくのを私は見てきた）

解 もとは道教の言葉。用例中の"联想"Liánxiǎngは"联想集团"のことで，英語社名は「レノボ」，中国を代表するパソコンメーカー。

niú guǐ shé shén
牛鬼蛇神
悪人や醜悪なもの。

用 文革时把许多知识分子打成了**牛鬼蛇神**。（文革の時代，多くの知識人が極悪非道な化け物として打倒された）

解 文革の時代（1960年代後半—1970年代前半），罪なき多くの人が"牛鬼蛇神"のレッテルをはられ迫害された。

chī mèi wǎng liǎng
魑魅魍魎
様々な悪人。魑魅魍魎（ちみもうりょう）。

用 在那个**魑魅魍魉**横行的年代，周恩来是希望、善良、正义的象征。（凶悪な人間が跋扈（ばっこ）したあの時代，周恩来は希望，善良，正義の象徴だった）

解 "魑魅"は山の妖怪，"魍魉"は川の妖怪。やがてさまざまな悪人を指すようになった。

☑1️⃣2️⃣3️⃣4️⃣5️⃣

| 遺 | 臭 | □ | □ |

☑1️⃣2️⃣3️⃣4️⃣5️⃣

| 留 | 芳 | □ | □ |

☑1️⃣2️⃣3️⃣4️⃣5️⃣

| 危 | 如 | □ | □ |

☑1️⃣2️⃣3️⃣4️⃣5️⃣

| 穏 | 如 | □ | □ |

似たものと反義語

liú fāng bǎi shì
流芳百世
名声を末永く伝える。

用 包公铁面无私的判案精神**流芳百世**。（包公の公正無私な裁きの精神は末永く称えられている）

解 包公は本名包拯。北宋の政治家。公平無私な裁判で知られ包青天とも呼ばれる。今なお愛され，テレビドラマにもなる中国版大岡越前守。真っ黒い顔の額に三日月の傷跡がトレードマーク。

yí chòu wàn nián
遗臭万年
悪名を後世に残す。

用 秦桧为什么会**遗臭万年**？（秦檜はなぜ悪名を後世に残すことになったのか）

解 秦檜は南宋の宰相。侵略者金に抵抗した岳飛を讒言によって殺害し，金と和平交渉をして領土を割譲してしまい，売国奴として憎悪される。絵は杭州にある秦檜の像。今もこの像につばを吐きかける人がいるという。

wěn rú tài shān
稳如泰山
揺らぐことなくどっしりとしている。

用 美元王者地位**稳如泰山**？（ドルの覇者たる地位は盤石だろうか）

解 泰山は山東省にある道教の聖地。高さ1545mで世界遺産。この泰山のようにどっしりとしているということ。

wēi rú lěi luǎn
危如累卵
情勢が極めて危険。

用 目前股票行情**危如累卵**，最好不要参与。（目下株の相場ははなはだ危険なので，手を出さないほうがいい）

解 "累卵"は「積み重ねた卵」。そのように危険だということ。

☑1 2 3 4 5

□ 直 □ 壮

☑1 2 3 4 5

理 □ 词 □

☑1 2 3 4 5

蜻 蜓 □ □

☑1 2 3 4 5

□ □ 三 分

似たものと反義語

lǐ qū cí qióng
理屈词穷
筋が通ってないので弁明する言葉がない。

用 她们**理屈词穷**，气急败坏，于是对我一齐动手，群起而攻之！（彼女たちは言葉に詰まると、かっとなって手を出し、皆で殴りかかってきた）

解 "理屈"は「筋が通っていない」。日本語の「理屈」とは意味が異なる。

lǐ zhí qì zhuàng
理直气壮
筋が通っているので堂々としている。

用 中国应该**理直气壮**地禁止稀有资源的出口。（中国は希少性資源の輸出禁止をき然として打ち出すべきだ）

解 "理直"「筋が通っている」、"气壮"「意気盛んである」。プラスイメージの言葉。用例中の"稀有资源"とは「希少金属。レアメタル」のこと。

rù mù sān fēn
入木三分
議論が深い。洞察力がある。

用 他演坏人演绎得**入木三分**。（彼の悪役の演技は真に迫っている）

解 晋の書家王羲之(おうぎし)が板に文字を書くと墨が板にしみこんだという故事にちなむ。用例中の"演绎" yǎnyì は「演じる」という意味だが、一般には「演繹(えんえき)する」という意味で用いられる。

qīng tíng diǎn shuǐ
蜻蜓点水
うわべだけで深入りしない。

用 如果对官员的查处如同**蜻蜓点水**，敷衍了事，只能养痈遗患。（もし役人への取調べを上っ面だけでいい加減に済ますなら、後で大事(おおごと)になるだろう）

解 "蜻蜓"（トンボ）が産卵の時、しっぽで水面をかすめるようにうわべだけだ。用例中の"养痈遗患" yǎng yōng yí huàn も成語。

☑1 2 3 4 5

祸 □ 单 □

☑1 2 3 4 5

双 □ 临 □

☑1 2 3 4 5

粗 枝 □ □

☑1 2 3 4 5

□ □ 密 缕

似たものと反義語

shuāng xǐ lín mén
双喜临门
喜び事が重なる。

用 最近他**双喜临门**，入选国足又喜获千金，得意莫过于此。（最近彼はおめでた続きだ。サッカーナショナルチームのメンバーに選ばれた上，女の子が生まれ，これ以上うれしいことはないだろう）

解 "临门"は「門前にやってくる」。用例中の"国足"は"国家足球队"の略，"千金"は「令嬢」。

huò bù dān xíng
祸不单行
悪い事は続く。泣きっ面に蜂。

用 撞车后又被偷包真是**祸不单行**。（車をぶつけた後カバンを盗まれ，泣きっ面に蜂とはこのことだ）

解 "福无双至" fú wú shuāng zhì（良いことは続かない）という成語とセットで使われることもある。

xì zhēn mì lǚ
细针密缕
仕事が丹念である。ち密である。

用 古今中外有抱负有作为的政治家都要胸襟开阔，工作**细针密缕**。（古今東西の志あり事を成し遂げようという政治家は，すべからく度量は広く仕事はち密であるべきだ）

解 縫い目が細かい。出典は清『児女英雄伝』。プラスイメージの言葉。

cū zhī dà yè
粗枝大叶
<ruby>大雑把<rt>おおざっぱ</rt></ruby>だ。いい加減だ。

用 这个工作需要细心地去做，你这么**粗枝大叶**的怎么行？（この仕事は細心の注意が必要なのに，このいい加減さは何だ）

解 太い枝と大きな葉。おおよその状況のことを言うが，今では多く仕事のいい加減さについて言う。マイナスイメージの言葉。

カルタ取得数

似たもの成語と反義語成語，24枚中何枚取れましたか？

1回目	2回目	3回目	4回目	5回目
枚	枚	枚	枚	枚

"理屈词穷"のカルタは取れましたか。この"理屈"の意味は「理にかなっていない」。日本語の「理屈」とはだいぶ意味が違いますね。でも漢字をながめれば，中国語のほうが納得です。こうした日中同形で意味の異なる言葉は実はかなりあり，例えば"娘"（お母さん）や"妖精"（妖怪）など意味のまったく違うものは覚えやすいのですが，微妙に違うものは誤解したまま気づかないでいる恐さがあります。例えば，「あなた単純ね」と言われたら日本人は内心ムッとしますが，中国語の"单纯"dānchúnを人の形容に使えば「純粋だ，裏表がない」というほめ言葉になります。

それでは次はドリルです。

立竿见影・問題

1 ①—⑥の成語と似た意味になる成語を下から選び，それぞれの意味を言ってみましょう。

（凤毛麟角　洗心革面　滴水穿石　牛鬼蛇神　司空见惯　日月如梭）

	意味	似た意味になる成語	意味
①数一数二（	）	＿＿＿＿＿（	）
②屡见不鲜（	）	＿＿＿＿＿（	）
③光阴似箭（	）	＿＿＿＿＿（	）
④聚沙成塔（	）	＿＿＿＿＿（	）
⑤脱胎换骨（	）	＿＿＿＿＿（	）
⑥魑魅魍魉（	）	＿＿＿＿＿（	）

2 ①—⑥の成語と反義語の成語を下から選び，それぞれの意味を言ってみましょう。

（理屈词穷　双喜临门　流芳百世　稳如泰山　入木三分　细针密缕）

	意味	反義語の成語	意味
①理直气壮（	）	＿＿＿＿＿（	）
②遗臭万年（	）	＿＿＿＿＿（	）
③祸不单行（	）	＿＿＿＿＿（	）
④蜻蜓点水（	）	＿＿＿＿＿（	）
⑤粗枝大叶（	）	＿＿＿＿＿（	）
⑥危如累卵（	）	＿＿＿＿＿（	）

3 以下の成語のペアは意味の似ているもので作られています。□に漢字を入れて完成させ，声に出して読んでみましょう。

① 屡见□鲜 / 司空□惯
② 聚□成塔 / 滴水□石
③ 脱胎换□ / 洗□革面
④ 数一数□ / 凤毛□角
⑤ 魑□魍魉 / 牛鬼□神
⑥ 光□似箭 / 日月如□

解 答

1

① 数一数二（突出している）　凤毛麟角（得がたい人や物）
② 屡见不鲜（よく見るので珍しくもない）　司空见惯（見慣れてしまったので珍しくもない）
③ 光阴似箭（光陰矢のごとし）　日月如梭（時間が速く流れていく）
④ 聚沙成塔（ちりも積もれば山となる）　滴水穿石（根気よく努力すれば，必ず成し遂げることができる）
⑤ 脱胎换骨（心を入れ替える）　洗心革面（心を入れ替えてまともな人間になる）
⑥ 魑魅魍魉（魑魅魍魎 ちみもうりょう）　牛鬼蛇神（悪人や醜悪なもの）

2

① 理直气壮（筋が通っているので堂々としている）　理屈词穷（筋が通っていないので弁明する言葉がない）
② 遗臭万年（悪名を後世に残す）　流芳百世（名声を末永く伝える）
③ 祸不单行（泣きっ面に蜂）　双喜临门（喜び事が重なる）
④ 蜻蜓点水（うわべだけで深入りしない）　入木三分（議論が深い）
⑤ 粗枝大叶（大雑把だ）　细针密缕（仕事が丹念である）
⑥ 危如累卵（情勢がきわめて危険）　稳如泰山（揺らぐことなくどっしりとしている）

3

① **屡见不鲜**　lǚ jiàn bù xiān ／ **司空见惯**　sī kōng jiàn guàn
② **聚沙成塔**　jù shā chéng tǎ ／ **滴水穿石**　dī shuǐ chuān shí
③ **脱胎换骨**　tuō tāi huàn gǔ ／ **洗心革面**　xǐ xīn gé miàn
④ **数一数二**　shǔ yī shǔ èr ／ **凤毛麟角**　fèng máo lín jiǎo
⑤ **魑魅魍魉**　chī mèi wǎng liǎng ／ **牛鬼蛇神**　niú guǐ shé shén
⑥ **光阴似箭**　guāng yīn sì jiàn ／ **日月如梭**　rì yuè rú suō

> ドリル・問題

4 以下の成語のペアは意味が反対になるもので作られています。□に漢字を入れて完成させ，声に出して読んでみましょう。

① 遗臭□年／流芳□世
② □枝大叶／□针密缕
③ 理□气壮／理□词穷
④ 蜻蜓□水／□木三分
⑤ □不单行／双□临门
⑥ □如累卵／□如泰山

5 日本語の意味を参考に，成語のピンインを漢字に直してみましょう。

① よく目にするので珍しくもない。　　　lǚ jiàn bù xiān
② ちりも積もれば山となる。　　　　　jù shā chéng tǎ
③ 1位でなければ2位。　　　　　　　　shǔ yī shǔ èr
④ 時間が速く流れていく。　　　　　　rì yuè rú suō
⑤ 心を入れ替える。　　　　　　　　　tuō tāi huàn gǔ
⑥ 悪人や醜悪なもの。　　　　　　　　niú guǐ shé shén
⑦ 名声を末永く伝える。　　　　　　　liú fāng bǎi shì
⑧ どっしりとしている。　　　　　　　wěn rú tài shān
⑨ うわべだけで深入りしない。　　　　qīng tíng diǎn shuǐ
⑩ 泣きっ面に蜂。　　　　　　　　　　huò bù dān xíng
⑪ 喜び事が重なる。　　　　　　　　　shuāng xǐ lín mén
⑫ 大雑把だ。　　　　　　　　　　　　cū zhī dà yè
⑬ ち密である。　　　　　　　　　　　xì zhēn mì lǚ
⑭ 見慣れてしまうと珍しくもない。　　sī kōng jiàn guàn
⑮ 非常に得がたい人や物。　　　　　　fèng máo lín jiǎo
⑯ 光陰矢のごとし。　　　　　　　　　guāng yīn sì jiàn
⑰ 心を入れ替えてまともな人間になる。xǐ xīn gé miàn
⑱ さまざまな悪人。　　　　　　　　　chī mèi wǎng liǎng
⑲ 悪名を後世に残す。　　　　　　　　yí chòu wàn nián

解 答

4

① 遗臭万年　yí chòu wàn nián／流芳百世　liú fāng bǎi shì
② 粗枝大叶　cū zhī dà yè／细针密缕　xì zhēn mì lǚ
③ 理直气壮　lǐ zhí qì zhuàng／理屈词穷　lǐ qū cí qióng
④ 蜻蜓点水　qīng tíng diǎn shuǐ／入木三分　rù mù sān fēn
⑤ 祸不单行　huò bù dān xíng／双喜临门　shuāng xǐ lín mén
⑥ 危如累卵　wēi rú lěi luǎn／稳如泰山　wěn rú tài shān

5
① 屡见不鲜
② 聚沙成塔
③ 数一数二
④ 日月如梭
⑤ 脱胎换骨
⑥ 牛鬼蛇神
⑦ 流芳百世
⑧ 稳如泰山
⑨ 蜻蜓点水
⑩ 祸不单行
⑪ 双喜临门
⑫ 粗枝大叶
⑬ 细针密缕
⑭ 司空见惯
⑮ 凤毛麟角
⑯ 光阴似箭
⑰ 洗心革面
⑱ 魑魅魍魉
⑲ 遗臭万年

ドリル・問題

6 （ ）に入る成語を書き，声に出して読んでみましょう。

①秦桧为什么会（　　　　　　　）？（秦桧はなぜ**悪名を後世に残す**ことになったのか）

②美元王者地位（　　　　　　　）？（ドルの覇者たる地位は**磐石**だろうか）

③他演坏人演绎得（　　　　　　　）。（彼の悪役の演技は**真に迫っている**）

④包公铁面无私的判案精神（　　　　　　　）。（包公の公正無私な裁きの精神は**末永く称えられている**）

⑤这个工作需要细心地去做，你这么（　　　　　　　）的怎么行？（この仕事は細心の注意が必要なのに，この**いい加減**さは何だ）

⑥如果对官员的查处如同（　　　　　　　），敷衍了事，只能养痈遗患。（もし役人への取調べを**上っ面だけ**でいい加減に済ますなら，後で大事になるだろう）

⑦撞车后又被偷包真是（　　　　　　　）。（車をぶつけた後カバンを盗まれ，**泣きっ面に蜂**とはこのことだ）

⑧现在经济不景气，赖帐情形（　　　　　　　）。（今は不景気で借金の踏み倒しも**珍しくない**）

⑨我觉得投资如（　　　　　　　），不可以太功利。（思うに投資とは**雨だれ石を穿つ**ようなもので，功利的すぎてはいけない）

⑩中国应该（　　　　　　　）地禁止稀有资源的出口。（中国は希少性資源の輸出禁止を**き然として打ち出す**べきだ）

⑪很多以前不敢想象的事如今已经是（　　　　　　　）了。（以前は想像もできなかった多くのことが今では**当たり前**になっている）

⑫在盛产精英的IT界，女性精英（　　　　　　　），CEO职位的女性更是少之又少。（人材を輩出するIT界にあって女性のエリートは**めったにいない**。女性CEOとなるとさらに少ない）

⑬她们（　　　　　　　），气急败坏，于是对我一齐动手，群起而攻之！（彼女たちは**言葉に詰まる**と，かっとなって手を出し，皆で殴りかかってきた）

⑭光阴似箭，（　　　　　　　），转眼一个学年已经接近尾声。（光陰矢のごとし，**あっという間に**一学年が終わろうとしている）

⑮文革时把许多知识分子打成了（　　　　　　　）。（文革の時代，多くの知識人が**極悪非道な化け物**として打倒された）

解　答

6
① 秦桧为什么会（**遗臭万年**）？
　　　　　　　　　yí chòu wàn nián
② 美元王者地位（**稳如泰山**）？
　　　　　　　　wěn rú tài shān
③ 他演坏人演绎得（**入木三分**）。
　　　　　　　　rù mù sān fēn
④ 包公铁面无私的判案精神（**流芳百世**）。
　　　　　　　　　　　　liú fāng bǎi shì
⑤ 这个工作需要细心地去做，你这么（**粗枝大叶**）的怎么行？
　　　　　　　　　　　　　　　cū zhī dà yè
⑥ 如果对官员的查处如同（**蜻蜓点水**），敷衍了事，只能养痈遗患。
　　　　　　　　　　　qīng tíng diǎn shuǐ
⑦ 撞车后又被偷包真是（**祸不单行**）。
　　　　　　　　　　huò bù dān xíng
⑧ 现在经济不景气，赖帐情形（**屡见不鲜**）。
　　　　　　　　　　　　　　lǚ jiàn bù xiān
⑨ 我觉得投资如（**滴水穿石**），不可以太功利。
　　　　　　　dī shuǐ chuān shí
⑩ 中国应该（**理直气壮**）地禁止稀有资源的出口。
　　　　　　　lǐ zhí qì zhuàng
⑪ 很多以前不敢想象的事如今已经是（**司空见惯**）了。
　　　　　　　　　　　　　　　sī kōng jiàn guàn
⑫ 在盛产精英的IT界，女性精英（**凤毛麟角**），CEO职位的女性更是少之又少。
　　　　　　　　　　　　fèng máo lín jiǎo
⑬ 她们（**理屈词穷**），气急败坏，于是对我一齐动手，群起而攻之！
　　　　lǐ qū cí qióng
⑭ 光阴似箭，（**日月如梭**），转眼一个学年已经接近尾声。
　　　　　　　rì yuè rú suō
⑮ 文革时把许多知识分子打成了（**牛鬼蛇神**）。
　　　　　　　　　　　　　　niú guǐ shé shén
　　　　　終わったら、またカルタのページへ！

171

第8章
重ね語が出てくる成語

　成語にはよく重ね語が出てきます。例えば"比比皆是"の"比比"，"井井有条"の"井井"のように。"比比"には「至る所」，"井井"には「きちんと」という意味がありますが，擬音語や擬態語の多い日本語を話す日本人からすると，まるで「ビービー」「ジンジン」という擬音語のようにも感じられます。"ビービー皆是""ジンジン有条"のように覚えても楽しいですよ。

历历在目	侃侃而谈	逃之夭夭	文质彬彬
格格不入	亭亭玉立	蒸蒸日上	斤斤计较
兢兢业业	面面俱到	气息奄奄	千里迢迢
人才济济	姗姗来迟	神采奕奕	鬼鬼祟祟
多多益善	天网恢恢	井井有条	头头是道
温情脉脉	风尘仆仆	欣欣向荣	怏怏不乐
大名鼎鼎	衣冠楚楚	依依不舍	忧心忡忡
振振有词	滔滔不绝	孜孜不倦	比比皆是

　重ね語が出てくる成語は以上32個の中から順不同で現れます。絵と絵の上部に書かれた成語の一部を頼りに当ててください。分かったら，まず声に出してみましょう。次に紙に書いてみてください。これが両方できたら，そのカルタはあなたのものです。
　それではスタート！

☑1 2 3 4 5
☐ ☐ 皆 是

☑1 2 3 4 5
大 名 ☐ ☐

☑1 2 3 4 5
多 多 ☐ ☐

☑1 2 3 4 5
☐ ☐ 仆 仆

重ね語

dà míng dǐng dǐng
大名鼎鼎
名声が広く知れ渡っている。

用 能够认识**大名鼎鼎**的华教授是我们的荣幸。（有名な華教授とお近づきになれて，たいへん光栄です）

解 "鼎鼎"は「盛大なさま。かくかくたる…」。多く人に用いるが，物に用いることもある。一般にプラスイメージの言葉。

bǐ bǐ jiē shì
比比皆是
どれも皆そうだ。

用 现在学校里戴眼镜的学生**比比皆是**。（今学校ではめがねをかけている学生が至る所にいる）

解 "比比"は「至る所」。同様の物や状況が多いこと。絵では至る所に犬のふんが。

fēng chén pú pú
风尘仆仆
旅で苦労する様子。

用 党代表**风尘仆仆**走进农家为村民传达十七大精神。（党代表は長旅に苦労しながらやってきて農民に中国共産党第17回全国代表大会の精神を伝えた）

解 "仆仆"は「旅に疲れたさま」。用例中の"十七大"は中国共産党大会のことで5年に1度開かれ，毎年開催の全人代（国会に相当する）とは異なる。

duō duō yì shàn
多多益善
多ければ多いほどよい。

用 "你要多少人？""我是韩信点兵，**多多益善**"（「どのくらい人が必要なの？」「韓信兵を集めるだね。多ければ多いほどいいんだ」）

解 "益"は「ますます」。用例中の"韩信点兵—多多益善"は"歇后语"（しゃれ言葉）として使われる。韓信は前漢の武将で，劉邦配下の三傑の一人。

☑1️⃣2️⃣3️⃣4️⃣5️⃣
□ □ 不 入

☑1️⃣2️⃣3️⃣4️⃣5️⃣
鬼 鬼 □ □

☑1️⃣2️⃣3️⃣4️⃣5️⃣
□ □ 计 较

☑1️⃣2️⃣3️⃣4️⃣5️⃣
□ □ 有 条

guǐ guǐ suì suì
鬼鬼祟祟
陰でこそこそする。

用 你**鬼鬼祟祟**在那里干什么？
（こんな所で何こそこそしているんだ）
解 "祟"は「たたる」。昔は妖怪を意味した。"崇"chóng（あがめる）と字形が似ているが、意味はまったく違う。

gé gé bù rù
格格不入
まったく相容れない。

用 我总觉得自己跟这个世界**格格不入**，好像一个可有可无的人。
（私はいつも、世の中としっくりいかないな、自分はいてもいなくてもいいんだと感じていた）
解 "格格"は「衝突し合う」。ほかにgēgēと読んで「笑い声。くすくす」、gégeと読んで「満州族のお姫様」の意味もある。

jǐng jǐng yǒu tiáo
井井有条
規則正しくきちんとしている。

用 现在让我们一起来学习一下收拾房间的魔法，让我的家变得**井井有条**。（これからいっしょに収納の魔法を学んで、我が家をすっきりした住まいに変えましょう）
解 "井井"は「きちんとした様子」。プラスイメージの言葉。

jīn jīn jì jiào
斤斤计较
細かくせんさくする。細かなことにこだわる。

用 对这些小事，不要**斤斤计较**。
（こんなつまらないことにいちいちこだわるな）
解 "斤斤"は「しっかり見る」「細かい事にこだわりすぎる」、"计较"は「計算し比較する」。

✓ 1 2 3 4 5

兢兢□□

✓ 1 2 3 4 5

□□而谈

✓ 1 2 3 4 5

□□在目

✓ 1 2 3 4 5

□□俱到

重ね語

kǎn kǎn ér tán
侃侃而谈
おくせず悠然と語る。

用 此届党代表没有了以往的"沉默是金",取而代之的是**侃侃而谈**,畅所欲言。(今期の党代表は以前の「沈黙は金」とは打って変わり,思いのたけを存分に語ってくれる)

解 "侃侃"は「筋が通っていて悠然と語るさま」。"侃大山"は「とりとめのないおしゃべりをする」。

jīng jīng yè yè
兢兢业业
うまずたゆまずこつこつと努力する。

用 这些老工人,一辈子**兢兢业业**,勤勤恳恳。(これら老労働者たちは生涯こつこつとまじめに勤勉に働いてきた)

解 "兢兢"は「慎み深い。慎重だ」,"业业"は「心配する」。事を行うに慎重に責任をもってやり,怠けたりしないさま。

miàn miàn jù dào
面面俱到
すべてに周到である。そつがない。

用 对儿子的事安排得**面面俱到**,这却使儿子养成了做事不负责的坏习惯。(息子には至れり尽くせりでめんどう見たが,そのため自分のしたことに無責任になるという悪い習慣を育ててしまった)

解 "面面"は「いろいろな面」,"俱"は「すべて」。

lì lì zài mù
历历在目
ありありと目に浮かぶ。

用 回忆童年时代的往事,**历历在目**,有如昨天。(子供の頃の事を思い出すと,まるで昨日のことのように目に浮かぶ)

解 "历历"は「ありありと。一つずつはっきりと」。

✓1 2 3 4 5

气 息 ☐ ☐

✓1 2 3 4 5

千 里 ☐ ☐

✓1 2 3 4 5

☐ ☐ 济 济

✓1 2 3 4 5

姗 姗 ☐ ☐

重ね語

qiān lǐ tiáo tiáo
千里迢迢
遠路はるばる。

用 他为了观看当天的比赛，特地从深圳**千里迢迢**赶到北京。（この日の試合を見るために，彼はわざわざ深圳から北京まで遠路はるばる駆けつけた）

解 "迢迢"は「道のりが遠いさま」。ちなみに中国語の"1里"は500mのことで，日本の「1里（4km）」の8分の1になる。

qì xī yǎn yǎn
气息奄奄
息も絶え絶え。

用 一个衣衫褴褛的少年，**气息奄奄**地躺在人来人往的车站。（ぼろに身を包んだ少年が，息も絶え絶えに人でごった返す駅に横たわっていた）

解 "奄奄"は「呼吸が弱まっている様子」。ある事物が絶滅しようとしていることの比ゆとしても使われる。

shān shān lái chí
姗姗来迟
ゆっくり遅れてやってくる。

用 昨天是考试的第一天，可是有的考点还是有学生**姗姗来迟**。（昨日は試験の初日だったが，学生が遅れてくる試験会場もあった）

解 "姗姗"は「のんびり歩く様子」。"姗姗而来"（しゃなりしゃなりとやってくる）という言い方もある。

rén cái jǐ jǐ
人才济济
優秀な人材が多い。多士済々(たしさいさい)。

用 优秀企业之所以优秀，并非**人才济济**，而是让平凡的人做出了不平凡的业绩。（優秀な企業が優秀である理由は，優秀な人材にあふれているからではなく，平凡な人間に非凡な業績を挙げさせるところにある）

解 "济济"は「人が大勢いること」。"人才"は"人材"とも書く。

☑①②③④⑤

|　|　|奕|奕|

☑①②③④⑤

|滔|滔|　|　|

☑①②③④⑤

|逃|之|　|　|

☑①②③④⑤

|　|　|玉|立|

重ね語

tāo tāo bù jué
滔滔不绝
とうとうと述べ立てる。

用 他**滔滔不绝**地说了近一个小时，到现在还没说完。（彼はとうとうと一時間近くしゃべり続け，今もまだしゃべっている）

解 "滔滔"は「水が絶え間なく流れる様子」。"口若悬河"（84頁）と並べて用いられることもあるが，"口若悬河"は弁舌の才に重点があり，"滔滔不绝"はしゃべっている状況に重点がある。

shén cǎi yì yì
神采奕奕
顔色がつやつやして元気がある。

用 她头顶粉红草帽，戴一副墨镜，**神采奕奕**地走了出来。（彼女はピンクの麦わら帽をかぶり，サングラスをかけて，はつらつとして現れた）

解 "神采"は「顔の表情と色つや」，"奕奕"は「元気そうな様子」。

tíng tíng yù lì
亭亭玉立
美女がすらりとしているさま。

用 昨天见到了好久不见的表妹，她已经是个**亭亭玉立**的姑娘了。（しばらく会わないうちに従妹はすらりと美しい娘になっていた）

解 "亭亭"は「すらりと美しいさま」。花木の形容にも使う。出典は唐代于邵『楊侍郎写真賛(うしょう)』。

táo zhī yāo yāo
逃之夭夭
すたこらさっさと逃げる。

用 那个已经**逃之夭夭**的疑犯究竟是男是女，连一直跟踪此案的刑警也不得而知。（あのとっくに逃げた容疑者が男なのか女なのか，ずっとこの事件を追いかけている刑事も知らない）

解 『詩経』の中の詩句"桃之夭夭"（桃の夭夭(ようよう)たる）をもじっている。

✔1 2 3 4 5	✔1 2 3 4 5
☐ ☐ 恢 恢	头 头 ☐ ☐

✔1 2 3 4 5	✔1 2 3 4 5
☐ ☐ 脉 脉	☐ ☐ 彬 彬

重ね語

tóu tóu shì dào
头头是道
いちいち筋が通っている。

用 这些女孩子对这方面的知识说起来**头头是道**，精通得让人吃惊。（この娘たちはこの方面の知識について話し始めると実に筋が通っており，その精通ぶりに驚いた）

解 もとは仏教用語で「至る所に道がある」ことを意味した。

tiān wǎng huī huī
天网恢恢
天は悪人を見逃すことはない。悪い事をすれば必ず捕まる。

用 **天网恢恢**，疏而不漏。犯人逃到哪里都没用。（「天網恢恢疎にして漏らさず」と言うじゃないか。犯人がどこに逃げようと無駄だ）

解 "恢恢"は「広いさま」。天の網目は粗いが，悪人を漏らすことはない。出典は『老子』。

wén zhì bīn bīn
文质彬彬
上品で礼儀正しい。

用 他是个**文质彬彬**、真诚善良、爱运动的男生。（彼は上品で礼儀正しく，誠実で善良，スポーツ好きな若者です）

解 "彬彬"は「上品さと礼儀正しさを両方兼ね備えている様子」。出典は『論語』。

wēn qíng mò mò
温情脉脉
人や物に愛情がある。まなざしに愛情がこもっている。

用 成为妻子时，她很有魅力十分动人；成为母亲时，她**温情脉脉**。（妻たる時，彼女はとても魅力的で，母親としてはとても慈愛深い）

解 "脉脉"は「まなざしや行動で思いを表すさま」。プラスイメージの言葉。

☑1 2 3 4 5
□□向荣

☑1 2 3 4 5
□□不乐

☑1 2 3 4 5
衣冠□□

☑1 2 3 4 5
□□不舍

重ね語

185

yàng yàng bù lè
怏怏不乐
不満があって楽しまない。

用 他知道被那姓林的骗了，于是**怏怏不乐**而归。（彼はあの林という人間にだまされたことを知って，不愉快な思いで帰った）

解 "怏怏"は「不愉快な様子」。出典は明の『楊家将演義』。北宋の楊一族の活躍と悲劇を描いたもの。楊家将の話は中国では京劇やテレビドラマなどでよく知られている。

xīn xīn xiàng róng
欣欣向荣
勢いよく発展し繁栄する。

用 顽强的意志使他走出了事业的低谷，现在他的事业**欣欣向荣**。（彼は強い意志で低迷期を乗り切り，今や彼の事業は大変な勢いだ）

解 "欣欣"は「草木が勢いよく伸びる様子」。出典は晋の陶淵明『帰去来辞』"木欣欣以向荣"（木は嬉々として茂り始め）。

yī yī bù shě
依依不舍
別れを惜しむ。

用 同学们的手紧紧相握，**依依不舍**地道别。（クラスの人たちは手を強く握り合い，別れを惜しんだ）

解 "依依"は「別れを惜しむさま」，"不舍"は「名残惜しい」。

yī guān chǔ chǔ
衣冠楚楚
きちんとした服装をしている。

用 他**衣冠楚楚**地走进酒吧，店主还以为是查税的来了。（彼がきちんとした身なりで酒場にやって来た時，店の主人は税金調査だと勘違いした）

解 "楚楚"は「きちんとしているさま」。"冠"は「冠。帽子」で，1声で発音する。「第一位」の意味では"冠军"guànjūn（チャンピオン）のように4声。

☑1 2 3 4 5

☐ ☐ 怵 怵

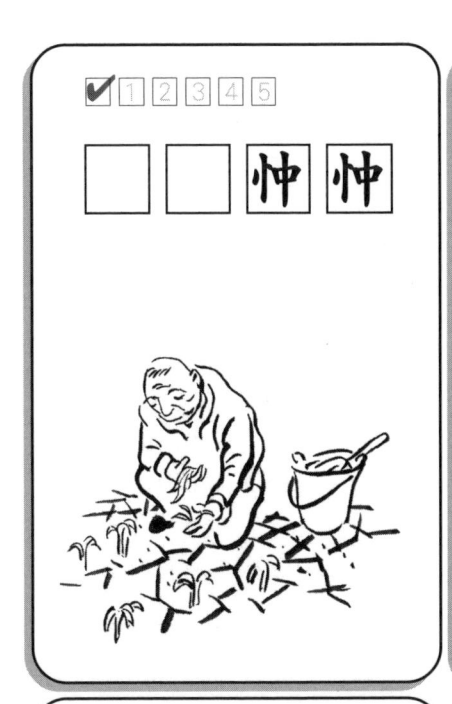

☑1 2 3 4 5

振 振 ☐ ☐

☑1 2 3 4 5

☐ ☐ 日 上

☑1 2 3 4 5

孜 孜 ☐ ☐

重ね語

zhèn zhèn yǒu cí
振振有词
道理があると考え，とうとうと述べ立てる。

用 千万不要打了孩子还**振振有词**地说我是为你好。（子供をたたいてから，あんたを思ってのことだなどとさも偉そうに言ってはならない）

解 "振振"は「とうとうと述べ立てるさま」。出典は清末民初の政治家・ジャーナリスト梁啓超（りょうけいちょう）『錦愛鉄路問題』。"振振有辞"とも書く。

yōu xīn chōng chōng
忧心忡忡
心配でたまらない。

用 自从宝宝患湿疹以来，我们做大人的个个**忧心忡忡**。（赤ん坊に湿しんが出てからというもの，私たち大人は皆心配している）

解 "忡忡"は「心配でたまらない様子」。出典は『詩経』。

zī zī bù juàn
孜孜不倦
うまずたゆまず。

用 她在艺术道路上**孜孜不倦**地努力，以期达到更高更新的境界。（彼女は芸術の世界でひたすら努力を重ね，さらに高くさらに新しい境地に到達することを願った）

解 "孜孜"は「勤勉なさま」。出典は『三国志』。プラスイメージの言葉。

zhēng zhēng rì shàng
蒸蒸日上
日増しに向上し発展する。

用 祝愿中国制造业不断发展**蒸蒸日上**！（中国の製造業がますます発展繁栄しますように）

解 "蒸蒸"は「勃興する様子」。プラスイメージの言葉。

カルタ取得数

重ね語が出てくる成語，32枚中何枚取れましたか？

1回目	2回目	3回目	4回目	5回目
枚	枚	枚	枚	枚

　重ね語の成語いかがでしたか。意味から覚えられなかったら，擬音語のように音で覚えてみましょう。

　擬音語といえば，擬態語と併せ「オノマトペ」とも言いますが，中国語のオノマトペにはどんなものがあるのでしょうか。たとえば「ハックション！」。くしゃみは万国共通と思いきや，中国語では"啊嚏"ātì とくしゃみをします。中国語を学ぶ日本人学生に「これからくしゃみは"啊嚏"ātì とするように」と言うと笑いますが，日本語を学ぶ中国人学生に「これからくしゃみは『ハクション』とするように」と言うとやっぱり笑います。

　それでは次はドリルです。

ドリル・問題

1 □に入る漢字を下から選んで入れて，成語を読んでみましょう。

（夭　仆　侃　依　比　脉　迢　并　格　孜）

□□皆是　　　□□不入　　　□□而谈　　　千里□□

逃之□□　　　温情□□　　　□□不舍　　　□□不倦

风尘□□　　　□□有条

（济　崇　蒸　历　鼎　头　欣　忡　滔　楚）

□□在目　　　大名□□　　　□□不绝　　　□□是道

人才□□　　　鬼鬼□□　　　衣冠□□　　　□□向荣

忧心□□　　　□□日上

（斥　奕　亭　面　多　奄　姗　振　快　恢　彬）

□□益善　　　□□计较　　　兢兢□□　　　气息□□

文质□□　　　□□不乐　　　□□来迟　　　神采□□

□□有词　　　□□玉立　　　□□俱到　　　天网□□

190

解 答

1

比比皆是　　　格格不入　　　侃侃而谈　　　千里迢迢
bǐ bǐ jiē shì　 gé gé bù rù　 kǎn kǎn ér tán　 qiān lǐ tiáo tiáo

逃之夭夭　　　温情脉脉　　　依依不舍　　　孜孜不倦
táo zhī yāo yāo　wēn qíng mò mò　yī yī bù shě　 zī zī bù juàn

风尘仆仆　　　井井有条
fēng chén pú pú　jǐng jǐng yǒu tiáo

历历在目　　　大名鼎鼎　　　滔滔不绝　　　头头是道
lì lì zài mù　 dà míng dǐng dǐng　tāo tāo bù jué　 tóu tóu shì dào

人才济济　　　鬼鬼祟祟　　　衣冠楚楚　　　欣欣向荣
rén cái jǐ jǐ　 guǐ guǐ suì suì　yī guān chǔ chǔ　 xīn xīn xiàng róng

忧心忡忡　　　蒸蒸日上
yōu xīn chōng chōng　zhēng zhēng rì shàng

多多益善　　　斤斤计较　　　兢兢业业　　　气息奄奄
duō duō yì shàn　jīn jīn jì jiào　 jīng jīng yè yè　 qì xī yǎn yǎn

文质彬彬　　　怏怏不乐　　　姗姗来迟　　　神采奕奕
wén zhì bīn bīn　yàng yàng bù lè　shān shān lái chí　shén cǎi yì yì

振振有词　　　亭亭玉立　　　面面俱到　　　天网恢恢
zhèn zhèn yǒu cí　tíng tíng yù lì　 miàn miàn jù dào　tiān wǎng huī huī

重ね語

> ドリル・問　題

2　日本語の意味に当たる成語を下から選んで，声に出して読んでみましょう。
（姗姗来迟　井井有条　兢兢业业　千里迢迢　格格不入
鬼鬼祟祟　滔滔不绝　亭亭玉立　逃之夭夭　历历在目）

① こつこつ努力する。
② 陰でこそこそする。
③ しっくりいかない。
④ ありありと浮かぶ。
⑤ 遠路はるばる。
⑥ しゃなりしゃなりとのんびりやってくる。
⑦ とうとうと述べ立てる。
⑧ すたこらさっさと逃げていく。
⑨ きちんきちんとしている。
⑩ 美女がすらりとしたさま。

3　（　）に入る成語を書いてみましょう。
① 祝愿中国制造业不断发展（　　　　　）！（中国の製造業が**ますます**発展繁栄しますように！）
② 同学们的手紧紧相握，（　　　　　）地道别。（クラスの人たちは手を強く握り合い，**別れを惜しんだ**）
③ 他是个（　　　　　），真诚善良、爱运动的男生。（彼は**上品で礼儀正しく**，誠実で善良，スポーツ好きな若者です）
④ 她头顶粉红草帽，戴一副墨镜，（　　　　　）地走了出来。（彼女はピンクの麦わら帽をかぶり，サングラスをかけて，**はつらつとして現れた**）
⑤ 一个衣衫褴褛的少年，（　　　　　）地躺在人来人往的车站。（ぼろに身を包んだ少年が，**息も絶え絶え**に人でごった返す駅に横たわっていた）
⑥ 对这些小事，不要（　　　　　）。（こんなつまらないことに**いちいちこだわ**るな）
⑦ 能够认识（　　　　　）的华教授是我们的荣幸。（**有名な**華教授とお近づきになれて，たいへん光栄です）
⑧ 你（　　　　　）在那里干什么？（そんなところで何こそこそしているんだ）

解 答

2

① 兢兢业业　jīng jīng yè yè
② 鬼鬼祟祟　guǐ guǐ suì suì
③ 格格不入　gé gé bù rù
④ 历历在目　lì lì zài mù
⑤ 千里迢迢　qiān lǐ tiáo tiáo
⑥ 姗姗来迟　shān shān lái chí
⑦ 滔滔不绝　tāo tāo bù jué
⑧ 逃之夭夭　táo zhī yāo yāo
⑨ 井井有条　jǐng jǐng yǒu tiáo
⑩ 亭亭玉立　tíng tíng yù lì

3

① 祝愿中国制造业不断发展（**蒸蒸日上**）！
　　　　　　　　　　zhēng zhēng rì shàng
② 同学们的手紧紧相握，（**依依不舍**）地道别。
　　　　　　　　　　　　yī yī bù shě
③ 他是个（**文质彬彬**）、真诚善良、爱运动的男生。
　　　　　　wén zhì bīn bīn
④ 她头顶粉红草帽，戴一副墨镜，（**神采奕奕**）地走了出来。
　　　　　　　　　　　　　　　　shén cǎi yì yì
⑤ 一个衣衫褴褛的少年，（**气息奄奄**）地躺在人来人往的车站。
　　　　　　　　　　　　qì xī yǎn yǎn
⑥ 对这些小事，不要（**斤斤计较**）。
　　　　　　　　　　jīn jīn jì jiào
⑦ 能够认识（**大名鼎鼎**）的华教授是我们的荣幸。
　　　　　　dà míng dǐng dǐng
⑧ 你（**鬼鬼祟祟**）在那里干什么？
　　　guǐ guǐ suì suì

重ね語

ドリル・問題

4　日本語の意味に当たる成語を完成させ，声に出して読んでみましょう。

① うまずたゆまず。　　　　　　　　　□孜□□
② 道理があるのでとうとうと述べる。　　□振□□
③ 服装がきちんとしている。　　　　　　衣□□□
④ 心配でたまらない。　　　　　　　　　□心□□
⑤ 上品で礼儀正しい。　　　　　　　　　文□□□
⑥ 人や物に愛のまなざしがある。　　　　□情□□
⑦ 悪いことをすれば必ず捕まる。　　　　□□□恢
⑧ 顔の色つやがよくて元気そう。　　　　神□□□
⑨ 不満があって楽しまない。　　　　　　快□□□
⑩ 優秀な人材が多い。　　　　　　　　　□□□済
⑪ 息も絶え絶え。　　　　　　　　　　　□息□□
⑫ すべてに周到である。　　　　　　　　面□□□
⑬ いちいち筋が通っている。　　　　　　头□□□
⑭ おくせず悠然と語る。　　　　　　　　□□而□
⑮ 旅で苦労する様子。　　　　　　　　　风□□□
⑯ 名声が知れ渡っている。　　　　　　　□名□□
⑰ 細かなことにこだわる。　　　　　　　斤□□□
⑱ こつこつ努力する。　　　　　　　　　□兢□□
⑲ 多ければ多いほどよい。　　　　　　　□□□善
⑳ ありありと目に浮かぶ。　　　　　　　□□在□
㉑ どれも皆そうだ。　　　　　　　　　　□□皆□
㉒ すたこらさっさと逃げていく。　　　　逃□□□
㉓ 勢いよく発展し繁栄する。　　　　　　□□□荣
㉔ きちんとしている。　　　　　　　　　井□□□
㉕ ゆっくりと遅れてやって来る。　　　　姗□□□
㉖ 遠路はるばる。　　　　　　　　　　　千□□□
㉗ すらりと美しい。　　　　　　　　　　□□玉□
㉘ 陰でこそこそする。　　　　　　　　　鬼□□□

解 答

4

① 孜孜不倦　zī zī bù juàn
② 振振有辞　zhèn zhèn yǒu cí
③ 衣冠楚楚　yī guān chǔ chǔ
④ 忧心忡忡　yōu xīn chōng chōng
⑤ 文质彬彬　wén zhì bīn bīn
⑥ 温情脉脉　wēn qíng mò mò
⑦ 天网恢恢　tiān wǎng huī huī
⑧ 神采奕奕　shén cǎi yì yì
⑨ 怏怏不乐　yàng yàng bù lè
⑩ 人才济济　rén cái jǐ jǐ
⑪ 气息奄奄　qì xī yǎn yǎn
⑫ 面面俱到　miàn miàn jù dào
⑬ 头头是到　tóu tóu shì dào
⑭ 侃侃而谈　kǎn kǎn ér tán
⑮ 风尘仆仆　fēng chén pú pú
⑯ 大名鼎鼎　dà míng dǐng dǐng
⑰ 斤斤计较　jīn jīn jì jiào
⑱ 兢兢业业　jīng jīng yè yè
⑲ 多多益善　duō duō yì shàn
⑳ 历历在目　lì lì zài mù
㉑ 比比皆是　bǐ bǐ jiē shì
㉒ 逃之夭夭　táo zhī yāo yāo
㉓ 欣欣向荣　xīn xīn xiàng róng
㉔ 井井有条　jǐng jǐng yǒu tiáo
㉕ 姗姗来迟　shān shān lái chí
㉖ 千里迢迢　qiān lǐ tiáo tiáo
㉗ 亭亭玉立　tíng tíng yù lì
㉘ 鬼鬼祟祟　guǐ guǐ suì suì

終わったら，またカルタのページへ！

中国語索引

*数字は頁を表します。

A
爱不释手	ài bù shì shǒu	92
爱屋及乌	ài wū jí wū	4
安居乐业	ān jū lè yè	6

B
八面玲珑	bā miàn líng lóng	142
白面书生	bái miàn shū shēng	10
白手起家	bái shǒu qǐ jiā	116
白头偕老	bái tóu xié lǎo	110
百发百中	bǎi fā bǎi zhòng	134
百思不解	bǎi sī bù jiě	132
班门弄斧	bān mén nòng fǔ	16
半斤八两	bàn jīn bā liǎng	144
杯弓蛇影	bēi gōng shé yǐng	60
背水一战	bèi shuǐ yī zhàn	128
鼻青脸肿	bí qīng liǎn zhǒng	110
比比皆是	bǐ bǐ jiē shì	174
闭月羞花	bì yuè xiū huā	48
宾至如归	bīn zhì rú guī	18
不白之冤	bù bái zhī yuān	116
不分青红皂白	bù fēn qīng hóng zào bái	112
不三不四	bù sān bù sì	142

C
草木皆兵	cǎo mù jiē bīng	36
长袖善舞	cháng xiù shàn wǔ	22
车水马龙	chē shuǐ mǎ lóng	70
魑魅魍魉	chī mèi wǎng liǎng	158
嗤之以鼻	chī zhī yǐ bí	80
赤手空拳	chì shǒu kōng quán	112
垂帘听政	chuí lián tīng zhèng	4
垂涎三尺	chuí xián sān chǐ	136
春风满面	chūn fēng mǎn miàn	86
唇枪舌剑	chún qiāng shé jiàn	82
促膝谈心	cù xī tán xīn	84
粗枝大叶	cū zhī dà yè	164
措手不及	cuò shǒu bù jí	96

D
打草惊蛇	dǎ cǎo jīng shé	66
大公无私	dà gōng wú sī	8
大名鼎鼎	dà míng dǐng dǐng	174
大手大脚	dà shǒu dà jiǎo	98
单枪匹马	dān qiāng pǐ mǎ	66
登龙门	dēnglóngmén	22
低三下四	dī sān xià sì	144
滴水穿石	dī shuǐ chuān shí	154
东道主	dōngdàozhǔ	26
东山再起	dōng shān zài qǐ	12
东施效颦	dōng shī xiào pín	16
对牛弹琴	duì niú tán qín	58
多多益善	duō duō yì shàn	174

E
耳濡目染	ěr rú mù rǎn	82
耳闻目睹	ěr wén mù dǔ	100

F
肺腑之言	fèi fǔ zhī yán	100
风尘仆仆	fēng chén pú pú	174
风马牛不相及	fēng mǎ niú bù xiāng jí	68
凤毛麟角	fèng máo lín jiǎo	156

197

G

改头换面	gǎi tóu huàn miàn	82
格格不入	gé gé bù rù	176
根深蒂固	gēn shēn dì gù	42
功亏一篑	gōng kuī yī kuì	144
勾心斗角	gōu xīn dòu jiǎo	18
孤注一掷	gū zhù yī zhì	142
刮目相看	guā mù xiāng kàn	94
瓜田李下	guā tián lǐ xià	46
光阴似箭	guāng yīn sì jiàn	156
鬼鬼祟祟	guǐ guǐ suì suì	176
滚瓜烂熟	gǔn guā làn shú	40
国色天香	guó sè tiān xiāng	22

H

鹤立鸡群	hè lì jī qún	66
后顾之忧	hòu gù zhī yōu	4
花言巧语	huā yán qiǎo yǔ	36
花枝招展	huā zhī zhāo zhǎn	38
华而不实	huá ér bù shí	8
黄粱一梦	huáng liáng yī mèng	114
火树银花	huǒ shù yín huā	118
祸不单行	huò bù dān xíng	164

J

鸡飞蛋打	jī fēi dàn dǎ	62
鸡毛蒜皮	jī máo suàn pí	68
鸡犬不宁	jī quǎn bù níng	70
家徒四壁	jiā tú sì bì	10
家喻户晓	jiā yù hù xiǎo	12
借花献佛	jiè huā xiàn fó	44
金碧辉煌	jīn bì huī huáng	118
斤斤计较	jīn jīn jì jiào	176
金屋藏娇	jīn wū cáng jiāo	118
金枝玉叶	jīn zhī yù yè	118
兢兢业业	jīng jīng yè yè	178
精卫填海	jīng wèi tián hǎi	16
井井有条	jǐng jǐng yǒu tiáo	176
酒池肉林	jiǔ chí ròu lín	18
九流三教	jiǔ liú sān jiào	138
九牛二虎之力	jiǔ niú èr hǔ zhī lì	66
九死一生	jiǔ sǐ yī shēng	140
居安思危	jū ān sī wēi	22
举一反三	jǔ yī fǎn sān	144
聚沙成塔	jù shā chéng tǎ	154

K

开门见山	kāi mén jiàn shān	4
侃侃而谈	kǎn kǎn ér tán	178
空城计	kōngchéngjì	26
口若悬河	kǒu ruò xuán hé	84
枯木逢春	kū mù féng chūn	48
苦口婆心	kǔ kǒu pó xīn	86
快马加鞭	kuài mǎ jiā biān	60

L

来龙去脉	lái lóng qù mài	60
狼狈不堪	láng bèi bù kān	64
狼吞虎咽	láng tūn hǔ yàn	68
老马识途	lǎo mǎ shí tú	68
乐不思蜀	lè bù sī shǔ	10
梨园弟子	lí yuán dì zǐ	14
理屈词穷	lǐ qū cí qióng	162
理直气壮	lǐ zhí qì zhuàng	162
力不从心	lì bù cóng xīn	80
历历在目	lì lì zài mù	178
两袖清风	liǎng xiù qīng fēng	16
了如指掌	liǎo rú zhǐ zhǎng	90
鳞次栉比	lín cì zhì bǐ	20

流芳百世	liú fāng bǎi shì	160
柳暗花明	liǔ àn huā míng	48
六神无主	liù shén wú zhǔ	134
炉火纯青	lú huǒ chún qīng	112
屡见不鲜	lǚ jiàn bù xiān	154
绿林好汉	lǜ lín hǎo hàn	116
落花流水	luò huā liú shuǐ	42
洛阳纸贵	luò yáng zhǐ guì	24

M

茅塞顿开	máo sè dùn kāi	8
毛遂自荐	máo suì zì jiàn	6
眉飞色舞	méi fēi sè wǔ	80
面红耳赤	miàn hóng ěr chì	110
面面俱到	miàn miàn jù dào	178
民以食为天	mín yǐ shí wéi tiān	26
名列前茅	míng liè qián máo	42
名落孙山	míng luò sūn shān	18
明目张胆	míng mù zhāng dǎn	98
明日黄花	míng rì huáng huā	114
模棱两可	mó léng liǎng kě	14
目不识丁	mù bù shí dīng	80
目不转睛	mù bù zhuǎn jīng	90
目瞪口呆	mù dèng kǒu dāi	92

N

| 牛鬼蛇神 | niú guǐ shé shén | 158 |
| 牛头不对马嘴 | niú tóu bù duì mǎ zuǐ | 70 |

O

| 藕断丝连 | ǒu duàn sī lián | 46 |
| 呕心沥血 | ǒu xīn lì xuè | 98 |

P

平步青云	píng bù qīng yún	110
萍水相逢	píng shuǐ xiāng féng	48
破镜重圆	pò jìng chóng yuán	20
迫在眉睫	pò zài méi jié	86

Q

七窍生烟	qī qiào shēng yān	136
七上八下	qī shàng bā xià	138
七手八脚	qī shǒu bā jiǎo	140
起早贪黑	qǐ zǎo tān hēi	116
气息奄奄	qì xī yǎn yǎn	180
千方百计	qiān fāng bǎi jì	130
千里迢迢	qiān lǐ tiáo tiáo	180
千篇一律	qiān piān yī lǜ	128
倾城倾国	qīng chéng qīng guó	24
青梅竹马	qīng méi zhú mǎ	38
蜻蜓点水	qīng tíng diǎn shuǐ	162

R

人才济济	rén cái jǐ jǐ	180
人老珠黄	rén lǎo zhū huáng	114
人面兽心	rén miàn shòu xīn	92
人怕出名猪怕壮	rén pà chū míng zhū pà zhuàng	62
日月如梭	rì yuè rú suō	156
如虎添翼	rú hǔ tiān yì	58
如火如荼	rú huǒ rú tú	44
入木三分	rù mù sān fēn	162

S

三长两短	sān cháng liǎng duǎn	134
三脚两步	sān jiǎo liǎng bù	132
三心二意	sān xīn èr yì	128
三言两语	sān yán liǎng yǔ	130

丧家之犬	sàng jiā zhī quǎn	62
杀一儆百	shā yī jǐng bǎi	138
姗姗来迟	shān shān lái chí	180
山雨欲来风满楼	shān yǔ yù lái fēng mǎn lóu	26
神采奕奕	shén cǎi yì yì	182
势如破竹	shì rú pò zhú	38
世外桃源	shì wài táo yuán	36
守口如瓶	shǒu kǒu rú píng	90
首屈一指	shǒu qū yī zhǐ	98
手无寸铁	shǒu wú cùn tiě	100
守株待兔	shǒu zhū dài tù	58
熟能生巧	shú néng shēng qiǎo	14
鼠目寸光	shǔ mù cùn guāng	58
数一数二	shǔ yī shǔ èr	156
树大招风	shù dà zhāo fēng	46
双喜临门	shuāng xǐ lín mén	164
水到渠成	shuǐ dào qú chéng	20
顺手牵羊	shùn shǒu qiān yáng	60
司空见惯	sī kōng jiàn guàn	154
死里逃生	sǐ lǐ táo shēng	6
四通八达	sì tōng bā dá	132

T

探头探脑	tàn tóu tàn nǎo	88
螳臂当车	táng bì dāng chē	64
滔滔不绝	tāo tāo bù jué	182
桃李不言,下自成蹊	táo lǐ bù yán, xià zì chéng xī	38
桃李满天下	táo lǐ mǎn tiān xià	42
逃之夭夭	táo zhī yāo yāo	182
啼笑皆非	tí xiào jiē fēi	20
提心吊胆	tí xīn diào dǎn	86
天网恢恢	tiān wǎng huī huī	184
天涯若比邻	tiān yá ruò bǐ lín	6
铁树开花	tiě shù kāi huā	44
亭亭玉立	tíng tíng yù lì	182
同病相怜	tóng bìng xiāng lián	10
头头是道	tóu tóu shì dào	184
推心置腹	tuī xīn zhì fù	88
退避三舍	tuì bì sān shè	138
脱胎换骨	tuō tāi huàn gǔ	158

W

万古长青	wàn gǔ cháng qīng	114
万无一失	wàn wú yī shī	136
万紫千红	wàn zǐ qiān hóng	112
危如累卵	wēi rú lěi luǎn	160
温情脉脉	wēn qíng mò mò	184
文质彬彬	wén zhì bīn bīn	184
刎颈之交	wěn jǐng zhī jiāo	82
稳如泰山	wěn rú tài shān	160
卧薪尝胆	wò xīn cháng dǎn	92
五体投地	wǔ tǐ tóu dì	130

X

洗心革面	xǐ xīn gé miàn	158
细针密缕	xì zhēn mì lǚ	164
先发制人	xiān fā zhì rén	8
心不在焉	xīn bù zài yān	84
心甘情愿	xīn gān qíng yuàn	90
心狠手辣	xīn hěn shǒu là	94
心旷神怡	xīn kuàng shén yí	12
心领神会	xīn lǐng shén huì	96
欣欣向荣	xīn xīn xiàng róng	186
心猿意马	xīn yuán yì mǎ	62
心直口快	xīn zhí kǒu kuài	100
幸灾乐祸	xìng zāi lè huò	14
胸有成竹	xiōng yǒu chéng zhú	44

	Y		
鸦雀无声	yā què wú shēng	64	
眼花缭乱	yǎn huā liáo luàn	40	
仰人鼻息	yǎng rén bí xī	88	
怏怏不乐	yàng yàng bù lè	186	
咬牙切齿	yǎo yá qiè chǐ	96	
叶公好龙	yè gōng hào lóng	70	
夜郎自大	yè láng zì dà	12	
叶落归根	yè luò guī gēn	40	
一筹莫展	yī chóu mò zhǎn	128	
衣冠楚楚	yī guān chǔ chǔ	186	
一毛不拔	yī máo bù bá	130	
一鸣惊人	yī míng jīng rén	132	
一目了然	yī mù liǎo rán	96	
一盘散沙	yī pán sǎn shā	134	
一厢情愿	yī xiāng qíng yuàn	136	
依依不舍	yī yī bù shě	186	
一意孤行	yī yì gū xíng	140	
一知半解	yī zhī bàn jiě	142	
遗臭万年	yí chòu wàn nián	160	
易如反掌	yì rú fǎn zhǎng	88	
忧心忡忡	yōu xīn chōng chōng	188	
有血有肉	yǒu xuè yǒu ròu	84	
雨后春笋	yǔ hòu chūn sǔn	40	
约法三章	yuē fǎ sān zhāng	140	
月下老人	yuè xià lǎo rén	24	

	Z		
张口结舌	zhāng kǒu jié shé	94	
振振有词	zhèn zhèn yǒu cí	188	
蒸蒸日上	zhēng zhēng rì shàng	188	
知音	zhīyīn	24	
指桑骂槐	zhǐ sāng mà huái	36	
终身大事	zhōng shēn dà shì	94	
蛛丝马迹	zhū sī mǎ jì	64	
孜孜不倦	zī zī bù juàn	188	
走马看花	zǒu mǎ kàn huā	46	

日本語索引

＊数字は頁を表します。

あ

相手が何も言わないうちに理解する	心領神会	96
あいまいである	模棱両可	14
赤の他人が偶然出会う	萍水相逢	48
悪人	牛鬼蛇神	158
悪名を後世に残す	遺臭万年	160
頭を突き出しキョロキョロうかがう	探头探脑	88
新しい環境が楽しくて、帰る気がなくなってしまったこと	乐不思蜀	10
あっけにとられる	目瞪口呆	92
あてこする	指桑骂槐	36
後に残る心配	后顾之忧	4
虻蜂取らず	鸡飞蛋打	62
あらゆる手立てを考える	千方百计	130
ありありと目に浮かぶ	历历在目	178
歩くのが速い	三脚両歩	132
暗闘する	勾心斗角	18

い

いい加減だ	粗枝大叶	164
言うことがちぐはぐである	牛头不对马嘴	70
（怒りや恥ずかしさで）顔を赤くする	面红耳赤	110
（怒りや恥ずかしさで）耳まで真っ赤になる	面红耳赤	110
生き生きとしている	有血有肉	84
勢いよく発展繁栄する	欣欣向荣	186
息も絶え絶え	气息奄奄	180
いくら考えても分からない	百思不解	132
委細構わず	不分青红皂白	112
いちいち筋が通っている	头头是道	184
１位でなければ２位	数一数二	156
一か八かの賭けに出る	孤注一掷	142
いちずではないこと	三心二意	128
一罰百戒	杀一儆百	138
一番	首屈一指	98
一目置かれる	刮目相看	94
一目瞭然	一目了然	96
一文無し	家徒四壁	10
一生の大事	终身大事	94
一炊の夢	黄粱一梦	114
一方だけの希望	一厢情愿	136
いつまでも栄える	万古长青	114
命拾いをする	死里逃生	6
院政を敷く	垂帘听政	4

う

雨後のたけのこ	雨后春笋	40
疑われやすい行為	瓜田李下	46
美しい妻や愛人を寵愛する	金屋藏娇	118
うまい目にありつこうとする	守株待兔	58
うまずたゆまず	孜孜不倦	188
うまずたゆまずこつこつと努力する	兢兢业业	178
馬の耳に念仏	对牛弹琴	58
有無を言わさず	不分青红皂白	112
恨み骨髄	咬牙切齿	96

202

上の空	心不在焉 84
うわべだけおおよそのところをざっと見る	走马看花 46
うわべだけで深入りしない	蜻蜓点水 162
うわべはきれいだが中身は空っぽ	华而不实 8
うわべや形式だけを変えて，中身は前と同じであること	改头换面 82

え

永遠に変わらない	万古长青 114
遠路はるばる	千里迢迢 180

お

多ければ多いほどよい	多多益善 174
大雑把だ	粗枝大叶 164
大勢の人がよってたかって慌しく動く	七手八脚 140
おおっぴらに悪事を働く	明目张胆 98
おくせず悠然と語る	侃侃而谈 178
幼なじみ	青梅竹马 38
落ち着いて楽しく働き暮らしていること	安居乐业 6
落ちぶれた人	丧家之犬 62
落ちぶれて惨めである	狼狈不堪 64
衰えたものがまたよみがえる	枯木逢春 48
鬼に金棒	如虎添翼 58

か

顔色がつやつやして元気がある	神采奕奕 182
顔中あざになりはれあがる	鼻青脸肿 110
科挙の会試に受かる	登龙门 22
各地に自分が育てた弟子がいる	桃李满天下 42
学問や技術や品性が最高の域に達している	炉火纯青 112
陰でこそこそする	鬼鬼祟祟 176
臥薪嘗胆	卧薪尝胆 92
かすかな手掛かり	蛛丝马迹 64
がつがつと短時間で食べる	狼吞虎咽 68
刮目される	刮目相看 94
金遣いが荒い	大手大脚 98
甘言（を並べる）	花言巧语 36
眼前に迫っている	迫在眉睫 86
簡単な取り決めを作って守る	约法三章 140
感服したさま	五体投地 130

き

疑心暗鬼	草木皆兵 36
疑心暗鬼になって慌てふためく	杯弓蛇影 60
義賊	绿林好汉 116
規則正しくきちんとしている	井井有条 176
期待の目で見られる	刮目相看 94
きちんとした服装をしている	衣冠楚楚 186
客をもてなす主役	东道主 26
九死に一生を得る	死里逃生 6
	九死一生 140
切れているようで実はまだつながっている	藕断丝连 46

議論が深い	入木三分 162	心を入れ替えてまともな人間になる	
極めて珍しい事	铁树开花 44		洗心革面 158
緊張して言葉が出ない	张口结舌 94	心を入れ替える	脱胎换骨 158
		こっそり中をのぞく	探头探脑 88
く		こてんぱんにやられる	落花流水 42
腐れ縁	藕断丝连 46	事をさばくのに熟練している	
口が堅い	守口如瓶 90		炉火纯青 112
口先だけのうまい話	花言巧语 36	細かくせんさくする	斤斤计较 176
苦しい思いをしてあだ討ちの決意を保つ	卧薪尝胆 92	細かなことにこだわる	斤斤计较 176
		困り果てる	狼狈不堪 64
苦しい状況を経て希望の光が見えてくる	柳暗花明 48	根気よく努力すれば，必ず事を成し遂げることができる	滴水穿石 154
車の往来が盛んな様子	车水马龙 70	困難にめげず努力奮闘する	
			精卫填海 16
け			
経験者はその道に詳しい		**さ**	
	老马识途 68	才能が外見などが一人だけ際立っている	鹤立鸡群 66
経験の乏しいインテリ	白面书生 10	財や手腕があれば，うまく立ち回ることができる	长袖善舞 22
軽べつするさま	嗤之以鼻 80		
結婚のこと	终身大事 94	魚のうろこ，くしの歯のようにずらりと並んでいる	鳞次栉比 20
懸命に働く	起早贪黑 116	先んじれば制す	先发制人 8
		ざっくばらんで，思ったままを話す	
こ			心直口快 100
光陰矢のごとし	光阴似箭 156	雑多な人	九流三教 138
高貴な家柄や皇族の出身であること	金枝玉叶 118	様々な悪人	魑魅魍魉 158
		様々な宗派や学問の流派	
後顧の憂	后顾之忧 4		九流三教 138
小躍りして喜ぶ	眉飞色舞 80	様々な職業の人	九流三教 138
極彩色に輝く	金碧辉煌 118	残酷で卑劣なさま	人面兽心 92
心が晴れ晴れして愉快であること	心旷神怡 12		
		し	
心から願う	心甘情愿 90	時間が速く流れていく	日月如梭 156
心ここにあらず	心不在焉 84		
	六神无主 134		
心の内を話す	促膝谈心 84		

時期が過ぎて価値を失ったもの		
	明日黄花	114
事業が盛ん	万紫千红	112
（色欲などにとらわれて）気がそぞろ		
になる	心猿意马	62
（色欲などにとらわれて）専念でき		
ない	心猿意马	62
試験で優秀な成績を取る		
	名列前茅	42
仕事が丹念である	细针密缕	164
自薦する	毛遂自荐	6
実際に見聞きする	耳闻目睹	100
失敗から再起する	东山再起	12
死のこと	三长两短	134
自分から名乗り出て一役買う		
	毛遂自荐	6
自分の才能を分かってくれる人		
	知音	24
自分の弱みを隠して相手をだます		
	空城计	26
釈迦に説法	班门弄斧	16
醜悪なもの	牛鬼蛇神	158
集中しているさま	目不转睛	90
酒池肉林	酒池肉林	18
条件が満たされれば，ものごとは順調		
に運んでいく	水到渠成	20
情勢が極めて危険	危如累卵	160
情勢が緊迫している	迫在眉睫	86
衝突や戦争が起こる前の緊張した空気		
のこと	山雨欲来风满楼	26
焦眉の急	迫在眉睫	86
上品で礼儀正しい	文质彬彬	184
譲歩して争いを避ける	退避三舍	138
女性が美しいさま	国色天香	22
処置するいとまがない	措手不及	96

心血を注ぐ	呕心沥血	98
人生のはかなさ	黄粱一梦	114
親切心から何度も忠告する		
	苦口婆心	86
しんと静まり返っている		
	鸦雀无声	64
心配でたまらない	忧心忡忡	188
親友	知音	24

す

垂簾の政	垂帘听政	4
末永く添い遂げる	白头偕老	110
好きで手放せない	爱不释手	92
好きになると，それと関るすべてが好		
きになる	爱屋及乌	4
筋が通っていないので弁明する言葉が		
ない	理屈词穷	162
筋が通っているので堂々としている		
	理直气壮	162
すたこらさっさと逃げる		
	逃之夭夭	182
素手で立ち向かう	赤手空拳	112
すべてに周到である	面面俱到	178
すらすらと読んだり暗記する		
	滚瓜烂熟	40

せ

成功の見込みがある	胸有成竹	44
成算あり	胸有成竹	44
西施のひそみにならう	东施效颦	16
生死を共にするような友情		
	刎颈之交	82
ぜいたく極まりない宴会		
	酒池肉林	18
席次が前の方である	名列前茅	42

赤貧洗うがごとし	家徒四壁 10
切歯扼腕	切齿扼腕 96
絶世の美女	倾城倾国 24
先手を打った方が往々にして主導権を握る	先发制人 8
千篇一律	千篇一律 128
専門家の前で知ったかぶりをすること	班门弄斧 16

そ

| そそげないぬれぎぬ | 不白之冤 116 |
| そつがない | 面面俱到 178 |

た

大規模な行動の勢いが激しいさま	如火如荼 44
互いに少しも関係がない	风马牛不相及 68
互いに腹の中で争い合う	勾心斗角 18
多士済々	人才济济 180
多種多様	万紫千红 112
立て板に水	口若悬河 84
棚からぼたもちを待つ	守株待兔 58
旅で苦労する様子	风尘仆仆 174
ためらう	三心二意 128
だれもが知っている	家喻户晓 12
団結できないさま	一盘散沙 134
単刀直入にものを言う	开门见山 4

ち

ち密である	细针密缕 164
魑魅魍魎	魑魅魍魉 158
ちりも積もれば山となる	聚沙成塔 154

つ

| ついでに人の物を持っていくこと | 顺手牵羊 60 |

て

徹底的に立場やものの見方を変える	脱胎换骨 158
手も足も出ない	一筹莫展 128
出るくいは打たれる	人怕出名猪怕壮 62
天は悪人を見逃すことはない	天网恢恢 184

と

桃源郷	世外桃源 36
洞察力がある	入木三分 162
どうしようもない	一筹莫展 128
とうとうと述べ立てる	滔滔不绝 182
同病相憐む	同病相怜 10
道理があると考え，とうとうと述べ立てる	振振有词 188
十日の菊	明日黄花 114
遠く離れていても，まるで近所にいるように近しいこと	天涯若比邻 6
独断専行	独断专行 140
突出している	数一数二 156
どっちつかずである	模棱两可 14
トップ	首屈一指 98
ともに白髪の生えるまで	白头偕老 110
とるに足りないちっぽけな事	鸡毛蒜皮 68
どれも皆そうだ	比比皆是 174
どんぐりの背比べ	半斤八两 144
とんちんかん	牛头不对马嘴 70

日本語	中文	頁
とんとん拍子に出世する	平步青云	110
どんな事も慣れればコツが分かる	熟能生巧	14

な

日本語	中文	頁
長い努力が最後のちょっとしたことで全部だめになる	功亏一篑	144
泣きっ面に蜂	祸不单行	164
泣くに泣けず笑うに笑えぬ	啼笑皆非	20
仲人	月下老人	24
何も言わなくても人柄を慕って人が集まってくる	桃李不言，下自成蹊	38
生半可な知識	一知半解	142
悩ましいがこっけいでもある	啼笑皆非	20
習うより慣れよ	熟能生巧	14

に

日本語	中文	頁
似たり寄ったり	半斤八两	144
人間の皮をかぶったけだもの	人面兽心	92

ね

日本語	中文	頁
根が深くて頑固	根深蒂固	42
猫に小判	对牛弹琴	58

の

日本語	中文	頁
のどから手が出るほど欲しい	垂涎三尺	136

は

日本語	中文	頁
媒酌人	月下老人	24
背水の陣で戦う	背水一战	128
歯ぎしりして悔しがる	咬牙切齿	96
激しい論争	唇枪舌剑	82
始めから本題に入る	开门见山	4
裸一貫から身を起こす	白手起家	116
破竹の勢い	势如破竹	38
八方美人	八面玲珑	142
はったり	空城计	26
はでに着飾っていて人目を引く様子	花枝招展	38
花が色とりどりに咲き乱れる	万紫千红	112
鼻であしらう	嗤之以鼻	80
花火や灯火が光り輝くさま	火树银花	118
腹を割って真心で人に接する	推心置腹	88

ひ

日本語	中文	頁
びくびくしている	提心吊胆	86
膝を交えて話す	促膝谈心	84
非常に美しい女性	闭月羞花	48
非常に得がたい人や物	凤毛麟角	156
非常に大きな力	九牛二虎之力	66
非常に事情に明るい	了如指掌	90
非常に自信のある様子	万无一失	136
美女がすらりとしているさま	亭亭玉立	182
人からもらった物で義理を果たす	借花献佛	44
ひどく騒がしい	鸡犬不宁	70
ひどく貧しい様子	家徒四壁	10
ひどく立腹すること	七窍生烟	136
一つの事から類推して多くの事を知る	举一反三	144

人の意見を聞かないで自分のやりたい		不用意な行為で相手に感づかれる	
ようにやる　　　　　一意孤行	140	打草惊蛇	66
人の助けを得ないで行動する		文学作品の描写などが真に迫っている	
単枪匹马	96	有血有肉	84
人の鼻息をうかがう　　　仰人鼻息	88	刎頸の交わり　　　　　　刎颈之交	82
人の不幸はみつの味　　　幸灾乐祸	14		
人の不幸を喜ぶ　　　　　幸灾乐祸	14	**へ**	
人は老いると価値がなくなる		平和な時も危険や困難に備える	
人老珠黄	114	居安思危	22
人や物に愛情がある　　　温情脉脉	184	ぺこぺことへりくだる　　低三下四	144
人や物には落ち着き先がある		変てこである　　　　　　不三不四	142
叶落归根	40		
独り立ちする　　　　　　单枪匹马	66	**ほ**	
独りよがり　　　　　　　一厢情愿	136	ぼう然とする　　　　　　目瞪口呆	92
一人を罰して見せしめとする		ホスト側　　　　　　　　东道主	26
杀一儆百	138	本が非常によく売れる　　洛阳纸贵	24
日増しに向上し発展する			
蒸蒸日上	188	**ま**	
秘密をしゃべらないこと		負けたら逃げ場がないという状態で	
守口如瓶	90	戦う　　　　　　　　背水一战	128
百発百中　　　　　　　　百发百中	134	真心からの言葉　　　　　肺腑之言	100
百方手を尽くす　　　　　千方百计	130	ますます加速する　　　　快马加鞭	60
		まだ遠くまで行っていない	
ふ		三脚两步	132
不安で心が乱れる　　　　七上八下	138	まったく相容れない　　　格格不入	176
複雑で目がくらくらする		まったく武器を持っていない	
眼花缭乱	40	手无寸铁	100
不合格になる　　　　　　名落孙山	18	まったく文字を知らない	
舞台役者　　　　　　　　梨园弟子	14	目不识丁	80
二言三言　　　　　　　　三言两语	130	まなざしに愛情がこもっている	
普段は目立たないのに，何かやりだす		温情脉脉	184
と驚くべき成果を挙げる		まばたきもせずにじっと見つめる	
一鸣惊人	132	目不转睛	90
不満があって楽しまない		まるで自分の家に帰ったような厚いも	
怏怏不乐	186	てなしを受けること　宾至如归	18

| 万に一つの失敗もない　万无一失 136 | ものごとが型にはまっている様子 |
| | 　　　　　　　　千篇一律 128 |

み

身勝手でけち	一毛不拔 130
短い言葉	三言两语 130
見せかけだけの好物	叶公好龙 70
見たり聞いたりするうち，いつの間にか影響を受けること　耳濡目染 82
道が四方八方に通じていて，交通が至便であること　四通八达 132
見慣れてしまうと珍しくもない
司空见惯 154
身の程知らず	夜郎自大 12
	螳臂当车 64
見るとすぐ分かる	一目了然 96
民衆にとって一番大事なことは食べるということである　民以食为天 26

| ものごとが非常に容易なこと |
| 　　　　　　　　易如反掌 88 |
| ものごとのいきさつや人の来歴 |
| 　　　　　　　　来龙去脉 60 |

や

| 役人が清廉潔白であること |
| 　　　　　　　　两袖清风 16 |
| やぶへび | 打草惊蛇 66 |
| 山に立てこもってお上に抵抗する者たち　　　　　緑林好汉 116 |
| やりたいが実力が伴わない |
| 　　　　　　　　力不从心 80 |
| やることが確実で必ず実現する |
| 　　　　　　　　百发百中 134 |
| やることが公正で私心のないこと |
| 　　　　　　　　大公无私 8 |

む

| むやみに他人のまねをする |
| 　　　　　　　　东施效颦 16 |

ゆ

優秀な人材が多い	人才济济 180
ユートピア	世外桃源 36
雄弁	口若悬河 84
有名になったり金持ちになると攻撃の的になりやすい　树大招风 46
有力者の引き立てで声望を得る
登龙门 22
ゆっくり遅れてやってくる
姗姗来迟 180
揺らぐことなくどっしりとしている
稳如泰山 160

め

| 名声が広く知れ渡っている |
| 　　　　　　　　大名鼎鼎 174 |
| 名声を末永く伝える | 流芳百世 160 |
| 目からうろこが落ちる | 茅塞顿开 8 |
| 目先の事にとらわれ，視野が狭く見識が浅い　　　　鼠目寸光 58 |
| 目に一丁字もない | 目不识丁 80 |

も

| もしものこと | 三长两短 134 |
| もとの地位に戻る | 东山再起 12 |

よ

よく目にするので珍しくもない
　　　　　　　　　屡見不鮮 154
よどみなくしゃべる　　口若懸河 84
寄る辺のない人　　　　喪家之犬 62
喜び事が重なる　　　　双喜臨門 164
喜びにあふれた表情　　春風満面 86
喜んでそうしたい　　　心甘情願 90

り

理想郷　　　　　　　　世外桃源 36
りっぱな屋敷に愛人を囲う
　　　　　　　　　金屋藏嬌 118
理に詰まって言葉が出ない
　　　　　　　　　張口結舌 94

れ

冷酷で手段が悪らつ　　心狠手辣 94

ろ

ろくでもない　　　　　不三不四 142

わ

別れた夫婦がもとのさやに納まる
　　　　　　　　　破鏡重圓 20
別れを惜しむ　　　　　依依不舍 186
悪い事は続く　　　　　禍不単行 164
悪い事をすれば必ず捕まる
　　　　　　　　　天网恢恢 184

芳沢ひろ子 (よしざわひろこ)

お茶の水女子大学大学院修士課程修了。國學院大學，成蹊大学等講師，国土交通省公認通訳案内士として通訳業，翻訳業。専門は中国語学。著書に『中国語通訳案内士試験対策単語集』（日中学院），『はじめての中国語学習辞典』（編集委員。朝日出版社），『中国語中級TECC650』（共著。ベネッセ）ほか。

張恢 (ちょうかい。Zhāng Huī)

上海工芸美術学校卒業。上海恒源祥香山画院画師所属画家，上海美術協会会員。上海文芸出版社で装丁，イラストを手掛けた後来日，多摩美術大学で学び，グラフィックデザイナーとして活動。著書に『いっそイラスト チャイナ単語帳』（小学館）。NHK中国語会話テキストのイラスト担当。2001年より上海在住，水墨美人画を得意とし，伝統画と現代アートの融合と発展に専念。

カバーデザイン：小野桃恵

カルタ式 中国語基礎成語260

定価はカバーに表示しています。

2009年10月16日　初版発行

著　者　芳沢ひろ子　　画　者　張恢
発行者　佐藤康夫
発行所　白帝社
　　　　〒171-0014　東京都豊島区池袋 2-65-1
　　　　電話 03-3986-3271　FAX 03-3986-3272
　　　　http://www.hakuteisha.co.jp/
組版　柳葉コーポレーション　印刷　(株)平文社　製本　若林製本所

Printed in Japan　〈検印省略〉　　ISBN978-4-89174-980-4